Tucholsky Wagner Zola Scott Sydow Freud Schlegel
Turgenev Wallace Fonatne Freud

Twain Walther von der Vogelweide Fouqué Friedrich II. von Preußen
Weber Freiligrath Frey

Fechner Weiße Rose von Fallersleben Kant Ernst Frommel
Fichte Richthofen

Engels Fielding Hölderlin
Fehrs Faber Flaubert Eichendorff Tacitus Dumas

Feuerbach Maximilian I. von Habsburg Fock Eliasberg Zweig Ebner Eschenbach
Ewald Eliot Vergil

Goethe Elisabeth von Österreich London
Mendelssohn Balzac Shakespeare Dostojewski Ganghofer
Trackl Lichtenberg Rathenau Doyle Gjellerup
Stevenson Hambruch Droste-Hülshoff
Mommsen Tolstoi Lenz Hanrieder
Thoma von Arnim Hägele Hauff Humboldt
Dach Verne Reuter Rousseau Hagen Hauptmann Gautier
Karrillon Garschin

Damaschke Defoe Hebbel Baudelaire
Descartes Hegel Kussmaul Herder

Wolfram von Eschenbach Dickens Schopenhauer Rilke George
Bronner Darwin Melville Grimm Jerome Bebel
Campe Horváth Aristoteles Voltaire Federer Proust
Bismarck Vigny Barlach Herodot
Gengenbach Heine

Storm Casanova Tersteegen Grillparzer Georgy
Chamberlain Lessing Langbein Gilm Gryphius
Brentano Lafontaine
Strachwitz Claudius Schiller Kralik Iffland Sokrates
Katharina II. von Rußland Bellamy Schilling
Gerstäcker Raabe Gibbon Tschechow

Löns Hesse Hoffmann Gogol Wilde Vulpius
Luther Heym Hofmannsthal Gleim
Roth Klee Hölty Morgenstern Goedicke
Luxemburg Heyse Klopstock Kleist
Machiavelli La Roche Puschkin Homer Mörike Musil
Navarra Aurel Musset Horaz
Nestroy Marie de France Kierkegaard Kraft Kraus
Lamprecht Kind Kirchhoff Hugo Moltke

Nietzsche Nansen Laotse Ipsen Liebknecht
Marx Ringelnatz
von Ossietzky Lassalle Gorki Klett Leibniz
May vom Stein Lawrence Irving
Petalozzi Knigge
Platon Pückler Michelangelo Kock Kafka
Sachs Poe Liebermann Korolenko
de Sade Praetorius Mistral Zetkin

Der Verlag tredition aus Hamburg veröffentlicht in der Reihe **TREDITION CLASSICS** Werke aus mehr als zwei Jahrtausenden. Diese waren zu einem Großteil vergriffen oder nur noch antiquarisch erhältlich.

Symbolfigur für **TREDITION CLASSICS** ist Johannes Gutenberg (1400 — 1468), der Erfinder des Buchdrucks mit Metalllettern und der Druckerpresse.

Mit der Buchreihe **TREDITION CLASSICS** verfolgt tredition das Ziel, tausende Klassiker der Weltliteratur verschiedener Sprachen wieder als gedruckte Bücher aufzulegen – und das weltweit!

Die Buchreihe dient zur Bewahrung der Literatur und Förderung der Kultur. Sie trägt so dazu bei, dass viele tausend Werke nicht in Vergessenheit geraten.

Klassisches Liederbuch

Emanuel Geibel

Impressum

Autor: Emanuel Geibel
Umschlagkonzept: toepferschumann, Berlin

Verlag: tredition GmbH, Hamburg
ISBN: 978-3-8424-8986-8
Printed in Germany

Rechtlicher Hinweis:
Alle Werke sind nach unserem besten Wissen gemeinfrei und unterliegen damit nicht mehr dem Urheberrecht.

Ziel der TREDITION CLASSICS ist es, tausende deutsch- und fremdsprachige Klassiker wieder in Buchform verfügbar zu machen. Die Werke wurden eingescannt und digitalisiert. Dadurch können etwaige Fehler nicht komplett ausgeschlossen werden. Unsere Kooperationspartner und wir von tredition versuchen, die Werke bestmöglich zu bearbeiten. Sollten Sie trotzdem einen Fehler finden, bitten wir diesen zu entschuldigen. Die Rechtschreibung der Originalausgabe wurde unverändert übernommen. Daher können sich hinsichtlich der Schreibweise Widersprüche zu der heutigen Rechtschreibung ergeben.

Emanuel Geibel.

Klassisches Liederbuch.

Griechen und Römer in deutscher Nachbildung.

Erstes Buch.
Griechische Lyriker.

Kallinos der Ephesier.

Kriegsruf.

Bis wann zaudert ihr noch? Wann faßt ihr entschlossen ein Herz euch,
    Jünglinge? Schämt ihr euch nicht vor den Bewohnern des Gaus,
Daß ihr, die Händ' im Schoß, als säßet ihr mitten im Frieden,
    Träg' hindämmert und rings wütet im Lande der Krieg?
Auf, in den Kampf und werft vor die Brust die gebuckelte Tartsche!
    Noch mit sterbender Hand schleudert das letzte Geschoß!
Denn das ehrt und verherrlicht den Mann, für den Boden der Heimat
    Fechtend, für Weib und Kind mutig den Feind zu bestehn.
Einmal kommt ja der Tod für jeglichen, wann es das Schicksal
    Immer verhängt. Gradaus stürme denn jeder voran,
Hoch den geschwungenen Speer und das tapfere Herz an den Schildrand
    Drängend, sobald im Gewühl Mann sich begegnet mit Mann!
Denn dem Todesgeschick zu entgehn ward keinem beschieden,
    Wär' er dem Stamme sogar ewiger Götter entsproßt.
Mancher freilich entflieht der Gefahr und dem Sausen der Lanzen,
    Und am eigenen Herd rafft ihn die Möre dahin;
Aber um ihn nicht trauert die Stadt, noch wünscht sie zurück ihn,
    Doch den Erschlagnen beklagt jeglicher, hoch und gering!
Denn es ergreift sie zusamt nach dem tapferen Helden die Sehnsucht,
    Fiel er, und halbgottgleich wird er im Leben geehrt.

Wie ein gewaltiger Turm vorschwebt er den Augen des Volkes,
Denn für viele zu stehn war er, der eine, genug.

Tyrtäos aus Attika.

Schlachtgesang.

(Aus den Elegien zusammengestellt.)

Auf in den Kampf, ihr Enkel des unbezwungnen Herakles!
  Streitet getrost! Noch nie wandt' euch den Rücken der
Gott.
Nimmer erschreck' euch die Menge des Feinds, noch fass'
euch ein Zagen,
  Nein, gradaus mit dem Schild stürmt auf die Vordersten
an!
Achtet das Leben gering. und die finsteren Pfeile des Todes,
  Grüßt sie mit Lust, wie sonst Helios' Strahlen ihr grüßt!
Denn schön ist's für den Tapfern, im vordersten Gliede zu
fallen,
  Wenn er, den Seinen ein Hort, kämpft für den heimischen
Herd;
Aber unendliche Schmach, wenn den Fliehenden, der das
Getümmel
  Meidet, des Feindes Geschoß hinten im Rücken ereilt.
Ehrlos liegt er im Staube noch da, ein verachteter Leichnam,
  Und es starrt ihm der Schaft zwischen den Schultern her-
aus.
Schreite denn jeder beherzt vorwärts, in den Boden die Füße
  Fest eindrückend, die Zähn' über die Lippen geklemmt,
Brust und Schulter zumal und hinabwärts Hüften und
Schenkel
  Hinter des mächtigen Schilds eherner Wölbung gedeckt.
Hochher schwing' er zum Wurf in der Rechten die wuchtige
Lanze
  Und Furcht weckend vom Haupt flattre der Busch ihm
herab.
Fuß an Fuß mit dem Gegner und Schild andrängend dem
Schilde,
  Daß sich der Helm mit dem Helm streift und der Busch mit
dem Busch,

Brust an Brust dann such' er im Kampf ihn niederzustrecken,
  Sei's mit des Schwerthiebs Kraft oder dem ragenden Speer.
Also die starrenden Reihn andringender Feindesgeschwader
  Wirft er zurück und dämmt mächtig die Woge der
Schlacht.
Aber bezwingt ihn der Tod im Vorkampf: seinem Erzeuger,
  Seiner Gemeind' und Stadt bringt er erhabenen Ruhm,
Wie er im Blut daliegt, vielfältig die Brust und den Panzer
  Vorn, und den bauchigen Schild von den Geschossen
durchbohrt.
Aber die Jünglinge weinen um ihn und es jammern die Grei-
se,
  Und weitschallend erfüllt sehnliche Klage die Stadt.
Auch sein Grab bleibt heilig dem Volk, und die Kinder und
Enkel
  Ehrt man und ehrt sein Haus bis in das fernste Geschlecht.
Nimmer im Dunkel erlischt sein Ruhm und gepriesener Na-
me,
  Und der Begrabene lebt als ein Unsterblicher fort.

Solon von Athen.

Der Gesetzgeber.

So viel Teil an der Macht, als genug ist, gab ich dem Volke,
   Nahm an Berechtigung ihm nichts, noch gewährt' ich zu viel.
Für die Gewaltigen auch und die reicher Begüterten sorgt' ich,
   Daß man ihr Ansehn nicht schädige wider Gebühr.
Also stand ich mit mächtigem Schild und schützte sie beide,
   Doch vor beiden zugleich schützt' ich das heilige Recht.

An die Athener wider Pisistratus.

Wenn ihr Schweres erfuhrt durch eigene Schuld und Verkehrt-
heit,
   Klagt um euer Geschick nicht die Unsterblichen an,
Selbst ja zogt ihr sie groß und machtet sie stark, die Tyrannen,
   Und nun seufzt ihr dafür unter dem schmählichen Joch.
Einzeln zwar geht jeder von euch auf der Fährte des Fuchses,
   Aber sobald ihr gesamt handelt, verläßt euch der Sinn;
Denn ihr traut auf die Rede des Manns und die schillernden
Worte,
   Doch blind seid ihr für das, was euch vor Augen geschieht.

Die Jahreswochen.

Wann unmündig und klein noch das Kind ist, wirft es der
Zähne
   Reihen im Wechsel zuerst ab bis ins siebente Jahr;
Doch vollendet darauf nachfolgende Sieben ein Gott ihm,
   Geben die Zeichen alsbald reifender Jugend sich kund.
Dann in den dritten umsäumt, wie der Wuchs vollendet her-
vortritt,
   Flaum sein Kinn und der Reiz wechselnder Farben erblüht.
Schließt sich zum vierten die Woche, so fühlt auf dem Gipfel
der Kraft sich
   Jeglicher Mann und es scheint rühmliche Tat ihm verbürgt.

Doch in der fünften geziemt es ihm wohl, der Vermählung zu
denken,
    Für zukünftige Zeit zeug' er ein blühend Geschlecht.
Drauf in der sechsten erstarkt sein Geist zu besonnener Klar-
heit
    Und nach vergeblichem Ziel hat er zu trachten verlernt,
Vierzehn Jahre hindurch in der siebenten dann und der ach-
ten
    Woche durch kundigen Rat herrscht er und Redegewalt.
Auch in der neunten vermag er noch manches, doch fühlt er
ermattend,
    Daß zu gewichtiger Tat Kraft und Entschluß ihm gebricht.
Aber erfüllt ihm ein Gott zum zehenten Male die Sieben,
    Mag dem Gereiften mit Fug nahen das Todesgeschick.

Ausgleichung.

Oft zwar ist die Gemeinheit reich und es darben die Edlen,
    Doch wir gäben im Tausch nimmer für ihren Besitz
Unsre Gesinnung dahin; denn ewiglich bleibt sie ein Schatz
uns,
    Aber das irdische Gut wechselt beständig den Herrn.

Mimnermos von Kolophon.

Das Los des Alters.

Was sind Leben und Glück, wenn die goldene Liebe dahin-
floh?
    Laßt mich sterben, sobald dies mich nicht länger erquickt:
Heimliche Lust und erwiderte Glut und die Wonne des La-
gers.
    Aber die Jugend verwelkt rasch und die Blüte der Kraft
Männern und Fraun, und beschleichen uns erst die Gebre-
chen des Alters,
    Das unerbittlich den Mann, selber den schönsten, entstellt,
Ach, da zehrt am Gemüt rastlos die vergebliche Sehnsucht,
    Und selbst Helios' Strahl mag uns das Herz nicht erfreun;
Denn von den Jünglingen sind wir geflohn und verschmäht
von den Weibern,
    So viel Schweres verhängt' über das Alter ein Gott.

Helios.

Wahrlich, ein mühvoll Amt muß Helios täglich verwalten;
    Auch kein einziges Mal ist ja den Rossen und ihm
Innezuhalten vergönnt, sobald zur Höhe des Himmels
    Aus des Okeanos Flut Eos, die rosige, stieg.
Aber ihn trägt bei Nacht durch die Woge das wonnige Lager,
    Das aus lauterem Gold künstlich Hephästos gewölbt;
Über den Spiegel des Meers auf eilenden Fittichen schwebend,
    Trägt es den Schlummernden sanft fort von Hesperiens
Strand
Zum Äthiopengestad, wo sein das Gespann mit dem Wagen
    Harrt, bis wieder des Tags dämmernde Frühe sich naht.

Theognis von Megara.

An Phöbos.

Phöbos, Sprosse des Zeus, Sohn Letos, nimmer im Anfang
   Laß mich und nimmer am Schluß deiner vergessen im Lied;
Sondern zuerst und zuletzt und inmitten will ich dich preisen,
   Doch du neige das Ohr, Herr, und gewähre mir Heil!

Die Geburt des Apollo.

Als dich, Herrscher Apoll, dort unter dem wipfelnden Palm-
baum,
   Den sie mit Armen umschlang, Leto, die Hehre, gebar,
Dort am Auge des Sees, dich aller Unsterblichen Schönsten,
   Ward von ambrosischem Duft Delos' geheiligtes Rund
Bis an die Ufer erfüllt, und es lachten umher die Gefilde,
   Und es erglänzte vor Lust blauer die Tiefe des Meers.

Der Gesang der Musen.

Musen und Grazien ihr, Zeus' Töchter, als ihr zu Kadmos'
   Hochzeitsfeier erschient, sangt ihr ein herrliches Lied:
»Was da schön ist, ist lieb, was nicht schön aber, ist unlieb,«
   Also scholl der Gesang euch vom unsterblichen Mund.

An Kypris.

Stille der Sehnsucht Qual und beschwichte den Kummer, o
Göttin,
   Der mir die Seele verzehrt, gib mich der Freude zurück!
Endlich sei es der Stürme genug und in heiterer Fassung
   Lehr' mich das heilige Maß üben, zum Manne gereift.

Begegnung am Brunnen.

Nicht mehr schmeckt mir der Wein, seitdem sie das zierliche

Mädchen
    Mir an den anderen Mann, an den geringern, vermählt;
Kann sie die Eltern doch nur mit Wasser bewirten und oftmals,
    Wenn sie vom Brunnen es holt, meiner gedenkt sie und
weint.
Siehe, da legt' ich den Arm um das Kind und küßt' ihr den Na-
cken,
    Und ein verstohlenes Wort flüsterte zärtlich ihr Mund:
»O wie hass' ich den Argen um dich! Denn immer noch heim-
lich
    Fliegt mein törichtes Herz dir wie ein Vögelchen zu.«

Gesellschaftsregel.

Nötige nie beim Feste den Gast, ungern zu verweilen,
    Noch auch mahn' ihn zu gehn, eh' es ihm selber gefällt.
Auch wenn einer der Zecher vielleicht, vom Weine gepanzert,
    Sanft in Schlummer verfiel, wecke den Schläfer nicht auf;
Noch verweise, bevor er es wünscht, aufs Lager den Muntren;
    Denn im tiefsten Gemüt ärgert uns jeglicher Zwang.
Aber dem Durstigen sei stets nah mit dem Kruge der Mund-
schenk;
    Nicht allnächtlich wie heut, ist ihm zu schwärmen vergönnt.

An Kyrnos.

Keiner bereitet sich selbst von den Sterblichen Segen und Un-
heil,
    Sondern die Götter, o Freund, sind es, die beides verleihn.
Was auch immer der Mensch anstrebt: nie weiß er im Herzen,
    Ob es zu freudigem Ziel, ob es zu trübem gerät.
Mancher bereits sann Übles zu tun, und es führte zum Heile,
    Manchem, der Edles gewollt, schlug zum Verderben es aus.
Auch nicht *einem* gelingt sein Vorsatz, wie er begehrte,
    Weil ihm die Kraft ausgeht, weil ihn die Schranke befängt.
Sterbliche sind wir und streben umsonst und wandeln in
Blindheit;
    Doch, wie es *ihnen* gefällt, fügen die Götter den Schluß.

Pflicht des Sängers.

Nimmer geziemt sich's traun für den Priester und Boten der
Musen,
   Daß er der Weisheit Schatz neidisch verschließ' in der Brust,
Sondern er reif' ihn aus im Gedicht und zeig' und bewähr' ihn;
   Soll kein andrer sich dran freuen, was frommt der Besitz?

In der Verbannung.

Hör' ich den schrillenden Ruf des fernher ziehenden Kranichs,
   Welcher, ein Bote der Saat, jährlich im Herbst uns erscheint,
Trifft es mich jetzt wie ein Schlag und im düsteren Herzen ge-
denk' ich,
   Wie mir der Fremde daheim waltet im reichen Gefild,
Ach, und die Mäuler für *mich* nicht mehr hinziehen die Pflug-
schar,
   Seit mich das Unglücksschiff in die Verbannung entführt.

Hoffnung.

Einzig die Hoffnung blieb von den Himmlischen unter den
Menschen,
   Zu den olympischen Höhn kehrten die übrigen heim.
Treue, die mächtige Göttin, entwich, es entwich die gestrenge
   Zucht, und die Grazien, Freund, suchst du auf Erden um-
sonst.
Nicht mehr gelten im Volk als heilig die teuersten Eide
   Und der Unsterblichen denkt keiner und ehrt sie mit Scheu;
Sondern der Frommen Geschlecht starb aus und weder des
Rechtes
   Satzungen achten sie mehr noch den geheiligten Brauch.
Aber solange du lebst und das Licht noch schauest der Sonne,
   Klammre mit treuem Gemüt fest an die Hoffnung dich an,
Und wann unter Gebet süßduftendes Opfer du zündest,
   Sei es zuerst und zuletzt immer der Hoffnung geweiht.

Heimweh.

Wohl begrüßt' ich dereinst Siziliens prangende Fluren
    Und des Euböergestads üppiges Traubengefild,
Sparta sah ich, die glänzende Stadt am beschilften Eurotas,
    Und wohin ich auch kam, ehrten sie freundlich den Gast.
Aber die Sehnsucht nicht in der Brust mir konnt' es beschwich-
ten,
    So vor jeglichem Land war mir das heimische süß.

Rachegelübde.

Höre mich, Zeus im Olymp, ich erflehe ja nur, was gerecht ist:
    Endlich für so viel Leid gib zum Ersatz mir ein Glück!
Laß mich sterben, dafern von den drückenden Sorgen ich nim-
mer
    Ausruhn soll und Verlust ewig sich reiht an Verlust.
Doch so scheint es bestimmt; nie soll ich die Frevler bestraft
sehn,
    Die mit schnöder Gewalt, was ich besaß, mir geraubt
Und nun schwelgen, indessen ich selbst auf dem Strom des
Verderbens
    Elend und nackt, wie ein Hund, nur mit dem Leben entrann.
Dürft' ich ihr Herzblut schlürfen! Und führt' ein vergeltender
Dämon,
    Wie mein Sinn es begehrt, endlich herauf das Gericht!

Trotz.

Niemals werd' ich den Nacken ins Joch hinbeugen den Fein-
den,
    Hing' auch das Tmolosgebirg dräuend mir über dem Haupt;
Freilich verzehrt sich das Herz dem Gewalttat leidenden Man-
ne,
    Aber es wächst ihm neu, wenn die Vergeltung sich naht.

Nach der Rückkehr.

Mahne mich nicht an den Graus! Ich erfuhr das Geschick des
Odysseus,
    Der in den Hades hinabwandert' und, wiedergekehrt,
Dann die Freier erwürgt' in unbarmherzigem Zorne,
    Seiner Penelope nur denkend, des treuen Gemahls,
Die ja seiner so sehnsüchtig geharrt mit dem Sohne,
    Bis er dem heimischen Herd endlich ein Rächer erschien.

Neubau des Staates.

Streng nach der Schnur einhalt' ich den Weg und weiche nach
keiner
    Seite, denn jegliches Recht gilt's zu erwägen im Sinn;
Weder dem Pöbel geneigt, noch vom Rat abhängig der Zwing-
herrn,
    Möcht' ich der Heimatstadt Frieden, der hehren, verleihn.

Beim Herannahen der Perser.

Herrscher Apoll, du türmtest ja selbst der megarischen Feste
    Zinnen dem Pelopssohn einst, dem Alkathoos, auf;
Wehre denn selbst nun auch von der Stadt die Geschwader der
wilden
    Meder zurück, auf daß froh, wie es Brauch ist, das Volk
Dir im erwachenden Lenz darbringe die Festhekatomben
    Und sich des Zithergetöns freu' und des wonnigen Mahls
Und beim Reigengesang aufjauchz' um deinen Altar her.
    Denn es befällt mich ein Graun, seh' ich in tödlichem Haß
Also blind die Hellenen entzweit; drum halte du selber
    Gnädig die schirmende Hand, Phöbos, ob unserer Stadt.

Feuerzeichen.

Schweigende Botin, ruft zu den Schrecken des Krieges die
Flamme,
    Die von des Turms fernher strahlender Warte sich hebt.

Auf denn und werfet den Zaum um die schnell hinstürmenden
Rosse!
   Denn die Geschwader des Feinds gilt es im Feld zu bestehn.
Nah schon dräun sie heran und, die Fahrt vollendend, im Um-
sehn
   Werden zur Stelle sie sein, oder es täuscht mich ein Gott.

Gnomen.

Reichtum wünsch' ich mir nicht, noch erfleh' ich ihn; aber ich
möchte
   Froh bei wenigem sein, Freund, und den Sorgen entrückt.

*

Kein kostbarerer Schatz, als Vater und Mutter zu haben,
   Welche dem heiligen Recht immer die Treue bewahrt.

*

Hüte dich wohl vor vermessenem Wort! Von den Sterblichen
keiner
   Weiß, was heute die Nacht, morgen der Tag ihm beschert.

*

Viele gesellen sich dir beim Becher als traute Genossen,
   Doch zu entschlossener Tat bleiben dir wenige treu.

*

Selbst nicht der Leu schwelgt immer in Fleischkost, sondern
die strenge
   Not, die Bezwingerin, macht auch den Gewaltigen zahm.

*

Rüttle du nie am glücklichen Los, Abwechselung heischend,
   Doch beim schlimmen versuch', ob du es wendest zum Heil.

Der dem vergeßlichen Volk einst Burg und schützender Turm
war,
    Wenig Ehre zum Dank erntet der Edle dafür.

*

Weder verhilf zur Macht dem Gewaltherrn, weil du Gewinn
hoffst,
    Noch in Verschwörungen laß, ihn zu verderben, dich ein.

*

Recke das Ohr nicht stets nach der schallenden Stimme des
Herolds!
    Nicht für den heimischen Herd ruft er uns heute zum
Kampf.

*

Dies wird besser dem einen, dem anderen jenes gelingen,
    Doch kein Sterblicher ist tüchtig für alles zugleich.

*

Neben den Weinenden laß uns nie hinsitzen und lachen,
    Nur von des eigenen Glücks leichten Gedanken erfüllt.

*

Nimmer vermag ich, o Herz, dir alles nach Wunsch zu gewäh-
ren;
    Dulde dich, dir nicht allein ward nach dem Schönen der
Durst.

Archilochos von Paros.

Die Waffen des Spottes.

Viel versteht der Fuchs, der Igel *eines* nur, doch frommt es ihm:
Daß er, sich zusammenrollend, auf den Feind die Stacheln
kehrt;
Also lernt' ich selbst im Leben *eine* Kunst, die mir genügt:
Jedem, der mir Übles antat, zahl' ich schweres Übel heim.

Ermutigung.

Herz, o Herz, von ungefügen Kümmernissen schwer gebeugt,
Auf, und jenen, die dich hassen, wirf entgegen kühn die Brust
Und auf deiner Feinde Lanzen schreite selbstvertrauend zu!
Aber wenn du Sieg errungen, jauchze laut nicht vor der Welt.
Noch zu Hause schmerzgebrochen jammre, wenn du unter-
lagst,
Sondern freue dich im Glücke, gräme dich im Mißgeschick
Nicht zu sehr und sei des Wandels, der die Welt beherrscht,
gedenk.

Kriegsmann und Dichter.

Dienstbar bin ich dem Herrscher, dem Enyalischen Kriegsgott,
Aber des Musengeschenks walt' ich, des holden, zugleich.

Sonnenfinsternis.

Nichts bedünkt mich jetzt unmöglich, nichts verschwör' ich
fernerhin
Oder acht' es als ein Wunder, seit der olympische Vater Zeus
Um die Mittagsstunde plötzlich Nacht ergoß und Helios'
Strahlend Licht in Dunkel hüllte, daß die Welt ein Graus befiel.
Darum sei hinfort den Menschen alles glaublich und verhofft,
Und es fass' euch kein Erstaunen, wenn ihr einst mit Augen
seht,

Wie das Wild im Forst zur Weide vom Delphin das Meer er-
tauscht
Und der Woge dumpfes Brüllen besser seinem Sinn behagt
Als das Festland mit den Bergen, drauf er einst so froh ge-
schwärmt.

Der verlorene Schild.

Zwar mit dem Schilde stolziert mir ein Saïer[1] . hin, mit dem
blanken,
    Den ich im Waldesgebüsch, mir zum Verdrusse, verlor.
Aber ich selbst entrann doch dem Tod; so fahre der Schild hin!
    Bald ist ein neuer zur Hand, der mich nicht schlechter be-
wehrt.

Bild der Geliebten.

    Mit frohem Lächeln in der Hand ein Myrtenreis
    Und frische Rosen trug sie, und beschattend fiel
    Um Brust und Nacken wallend ihr das Haar herab.

---

[1] Die Saïer, ein Volksstamm an der thrazischen Küste, der Insel Thasos gegen-
über, wohin Archilochos ausgewandert war.

Fragment des Alkman aus Sardes,
eingebürgert in Sparta.

Der Vortänzer.

Nimmer, ihr Mädchen im Chor mit den süßen, den silbernen
Stimmen,
Tragen die Glieder mich fort. O daß ich zum Kerylos[2] würde,
Der auf dem blühenden Schaume der See mit den Weibchen
dahinfliegt,
Glücklicher Reise gewiß, meerpurpurner Vogel des Frühlings!

---

[2] Kerylos, das Männchen der Halkyonen, von dem die Sage erzählt, daß er,
gealtert oder flugmüde, von den Weibchen auf die Flügel genommen wurde.

Sappho von Mitylene auf Lesbos.

Ode an die Aphrodite.

Die du thronst auf Blumen, o schaumgeborne
Tochter Zeus', listsinnende, hör mich rufen,
Nicht in Schmach und bitterer Qual, o Göttin,
   Laß mich erliegen!

Sondern huldvoll neige dich mir, wenn jemals
Du mein Flehn willfährigen Ohrs vernommen,
Wenn du je, zur Hilfe bereit, des Vaters
   Halle verlassen.

Raschen Flugs auf goldenem Wagen zog dich
Durch die Luft dein Taubengespann und abwärts
Floß von ihm der Fittiche Schatten dunkelnd
   Über den Erdgrund.

So dem Blitz gleich, stiegst du herab und fragtest,
Sel'ge, mit unsterblichem Antlitz lächelnd:
»Welch ein Gram verzehrt dir das Herz, warum doch
   Riefst du mich, Sappho?

Was beklemmt mit sehnlicher Pein so stürmisch
Dir die Brust? Wen soll ich ins Netz dir schmeicheln:
Welchem Liebling schmelzen den Sinn: Wer wagt es,
   Deiner zu spotten?

Flieht er: wohl, so soll er dich bald verfolgen,
Wehrt er stolz der Gabe, so soll er geben,
Liebt er nicht: bald soll er für dich entbrennen,
   Selbst ein Verschmähter.«

Komm denn, komm auch heute, den Gram zu lösen!
Was so heiß mein Busen ersehnt, o laß es
Mich empfahn, Holdselige, sei du selbst mir
   Bundesgenossin!

Liebeslied.

Hochbeglückt wie selige Götter deucht mir,
Wem dir tief ins Auge zu schaun und lauschend
An dem Wohllaut deines Gesprächs zu hangen
   Täglich vergönnt ist,

Und am Sehnsucht weckenden Reiz des Mundes;
Doch mir schrickt im Busen das Herz zusammen,
Wenn du nahst, beklommen versagt die Stimme
   Jeglichen Laut mir.

Ach, der wortlos Starrenden rinnt urplötzlich
Durch die Glieder fliegende Glut; verworren
Flirrt es mir vor Augen, und dumpf betäubend
   Klingt es im Ohr mir. –

Fragmente des Alkäos von Lesbos.

Das lecke Staatsschiff.

Nicht mehr zu deuten weiß ich der Winde Stand,
Denn bald von dorther wälzt sich die Wog' heran,
Und bald von dort, und wir inmitten
Treiben dahin, wie das Schiff uns fortreißt,

Mühselig ringend wider des Sturms Gewalt;
Denn schon des Masts Fußende bespült die Flut,
Und vom zerborstnen Segel trostlos
Flattern die mächtigen Fetzen abwärts.

Der verlorene Schild.

Daheim als Herold melde: Gerettet ist
Alkäos selbst, doch büßt' er die Waffen ein,
Und seinen Schild am Pallastempel
Hängte das Volk von Athen zum Schmuck auf.

Aus den Trinkliedern.

I.

Zeus kommt im Regen, mächtig vom Himmel braust
Der Wintersturm, schon stockt der Gewässer Lauf
Im scharfen Frost, und kaum im Wetter
Hält der bewipfelte Forst sich aufrecht.

Beut Trotz dem Eiswind! Schür auf dem Herd empor
Die Lohe, schenk süßpurpurnen Traubensaft,
Schenk reichlich und, zum Trunk gelagert,
Lehne das Haupt in die weichen Kissen.

II.

Nicht frommt's, des Unheils ewig gedenk zu sein;

Denn völlig fruchtlos zehrt uns der Kummer auf.
  Das bleibt der beste Trost, o Bacchos,
  Wein zu kredenzen, bis daß wir trunken.

III.

Keinen anderen Baum pflanze zuvor, ehe du Wein ge-
pflanzt.

Fragmente des Stesichoros von Himera.

Helios und Herakles[3] .

Helios, der Hyperionide,
Stieg nun wieder in die goldne Schale,
Um, den stillen Ozean durchschiffend,
Heimzukehren zu der heil'gen Tiefe
Dunkler Nacht, wo sein die holde Gattin,
Wo die Mutter und die Kinder harrten.
Aber jener schritt, der unbezwungne
Sohn des Zeus, dahin auf starken Füßen
In des Lorbeerhaines Schattendunkel. –

Die Rache der Kypris.

Weil ja Tyndareus einst beim Opfer für sämtliche Götter
Kypris allein, die Milde, vergaß, so rächte sich diese
An den Töchtern[4] dafür und ließ zwiefach sie und dreifach
Hochzeit halten und immer aufs neu die Männer verlassen.

Klytämnestras Traum.

Aber es naht' ihr im Traum bluttriefenden Hauptes ein Drache,
Und sie erkannt' in ihm Fürst Agamemnons Gestalt.

---

[3] Um die Kinder des Geryon, eines gefiederten sechshändigen und sechsfüßigen Unholds, zu entführen, fuhr Herakles in dem Sonnenbecher, den er vom Helios errungen, über den Okeanos nach der Insel Erytheia. Nachdem er sein Werk glücklich vollbracht, gab er dem Gotte den Becher zurück; unser Bruchstück zeigt sie im Augenblicke ihres Scheidens.

[4] Die Töchter des Tyndareus sind Helena und Klytämnestra.

Ibykos von Rhegion.

Frühlingsgesang.

Frühling ward es und wieder blüht,
Vom sanftströmenden Bach getränkt,
Der Kydonische Apfelbaum,
Wo jungfräulicher Nymphen Schar
Tief im Dunkel des Haines spielt
Und die Blüte der Rebe schwillt
   Unter schattendem Weinlaub.

Doch nicht achtet der lieblichen
Jahrszeit Eros und läßt mich ruhn,
Nein, wie thrakischer Wintersturm
Widerleuchtend von Blitzesschein
Fällt er, Kyprias wilder Sohn,
Mit blindsengender Wut mich an
Und erschüttert gewaltsam mir
   Die Grundfesten des Herzens.

Späte Liebe.

Wieder unter schwarzen Wimpern
Mit betörenden Augen schaut mich
Eros an und treibt mit tausend
Süßen Lockungen mich in Kypris'
   Unentrinnbar festes Netz.

Ach, vor seinem Nahn erbeb' ich,
Wie am Wagen das Roß, das einstmals
Kranz und Siegespreis davontrug;
Ungern wagt sich's, nun gealtert,
Mit den geflügelten Renngespannen
   In den Kampf der Bahn hinaus.

Anakreon von Teos.

An Dionysos.

> Fürst, dem Eros, der Siegesgott,
> Dem schwarzäugiger Nymphen Schar
>   Und die rosige Kypris
> Spielend folgen, wohin du auch
>   Schweifst auf luftigen Bergeshöhn,
>
> Auf den Knieen beschwör' ich dich:
> Komm, o komm und vernimm in Huld
>   Mein Gebet, Dionysos,
> Neige *du* Kleobulos' Herz
> Selbst mit göttlichem Rat, daß ihm
>   Meine Liebe gefalle.

Die Lesbierin.

> Mir zuwerfend den Purpurball
> Fordert Eros im Goldgelock
> Mich zum Spiel mit dem zierlichen
>   Buntsandaligen Kind auf.
>
> Doch sie stammt von der prangenden
> Lesbosinsel und rügt mein Haar;
> Grau ja sei's, und in Sehnsucht, ach,
>   An ein blondes gedenkt sie.

An seinen Liebling.

> Knabe du mit dem Mädchenblick,
> Dein verlang' ich, doch hörst du nicht,
> Merkst nicht, wie du die Seele mir
>   Sanft am Zügel dahinlenkst.

An den Schenken.

Mit dem Mischkrug komm, o Schenke,
Daß ich tiefen Zuges schlürfe!
Doch auf zehn Pokale Wassers
Von dem Lautern nimm nur fünf mir;
Denn ich möchte zu verwegen
Mit dem Weingott heut' nicht schwärmen.

Eros, der Schmied.

Mit schwerwuchtendem Hammerschlag,
Wie die glühende Stang' ein Schmied,
Trifft mich Eros und taucht mich dann
In eiskaltes Gewässer.

Skolion.

Den nicht mag ich beim vollen Pokal, der über dem Trunk mir
Von trübseligem Krieg schwatzt und gehässigem Streit,
Aber es sei mir geehrt, wer köstliche Gaben der Muse
Und Aphroditens flicht in die gesellige Lust.

Simonides von Keos.

Danae
[5]

Aus einem Trauergesang.

Als um den kunstgefügten Kasten nun
Der Wind erbraust' und die empörte Welle,
Da sank sie hin in Angst, betränt die Wangen,
Und schlang um Perseus' Nacken ihren Arm
Und sprach: O Kind, wie groß ist meine Qual!
Du aber atmest sanft im Schlaf und ruhst
Mit stiller Säuglingsbrust im freudelosen
Erzfesten nachterleuchteten Gehäus
Dahingestreckt in tiefe Dämmernis,
Und lässest ruhig über deinem dichten
Gelockten Haar die Flut vorüberwandeln
Und das Geheul des Sturmes,
In deinem Purpurkleid, ein lächelnd Antlitz.
Ach, ahntest du die Schrecken um dich her,
Gewiß, du lauschtest mir mit bangem Ohr.
Doch schlaf, o Kind, und schlafen soll die See
Und schlafen all das unermeßne Leid!
Du aber wandle deinen harten Sinn,
O Zeus! – Und ist ein Frevel dies Gebet,
Vergib mir, Vater, um des Kindes willen!

---

[5] Der argivische König Akrisios ließ, durch das Orakel vor einem Enkel gewarnt, seine Tochter Danae in ein festes Gewölbe einschließen. Aber Zeus drang als goldner Regen zu ihr, und sie gebar ihm den Perseus, den sie heimlich aufzuziehen versuchte. Als der König jedoch hievon Kunde erhielt, übergab er die Danae mit ihrem Sohne, in einer Truhe eingeschlossen, den Wellen des Meeres, von welchen sie an den Strand von Seriphos getrieben wurden. – Der Ausdruck »nachterleuchtet« bezieht sich nach Welckers Erklärung auf eine den Verurteilten mitgegebene Totenlampe.
Das Bruchstück ist von meinem Freunde Ernst Curtius und mir gemeinschaftlich übersetzt worden.

Lebensweisheit.

Treu für immer verbleibt kein Gut uns Sterblichgebornen;
    Drum voll göttlichen Sinns sprach der chiotische Greis:
»Gleich wie die Blätter im Wald, so sind die Geschlechter
der Menschen.«
    Aber wie wenige nur, die es mit Ohren gehört,
Wahrten im Busen das Wort! Denn jeglichen gängelt die
Hoffnung,
    Männern und Knaben zugleich wurzelt sie tief in der
Brust.
Blüht dem Sterblichen noch holdselig die Blume der Jugend,
    Sinnt er mit leichtem Gemüt vieles von nichtiger Art;
Nimmer des Alters gedenkt er alsdann und nimmer des
Todes,
    Noch in der Fülle der Kraft ist er um Krankheit besorgt.
O leichtfertige Toren, verblendete, die da vergessen,
    Wie so beflügelten Schritts Jugend und Leben entfliehn!
Doch du präg' es dir ein, und bis du scheidend am Ziel
stehst,
    Pflege mit treuem Gemüt jeglichen schönen Genuß!

Anakreons Grab.

Reb', Alltrösterin du, mostnährende Mutter der Traube,
    Die du zu krausem Gewind üppig die Ranken verschlingst,
Hochauf blühe mir hier an Anakreons Säule, des Tejers,
    Und umspinne des Grabs locker geschütteten Staub,
Daß dem Freunde des Weins und des becherbeseligten Rei-
gens,
    Der von Lieb' und Gesang trunken die Nächte verschwärmt,
Auch in der Gruft noch über dem Haupt vollsaftig die Traube
    Niederhange, vom Grün schwellender Blätter umhüllt,
Mit süßperlendem Tau ihn ewig zu tränken, den Alten,
    Der viel Süßeres noch weich von den Lippen gehaucht.

Skolion.

Erstes Gut ist dem Erdensohn Gesundheit,
Zweites, schön von Gestalt einherzuwandeln,
Und das dritte schuldloser Besitz,
Aber das vierte, hold schwärmen im Freundeskreis.

Marathon.

Hier bei Marathon warfen, für Hellas im Kampf, die Athener
Siegreich Mediens goldprunkendes Heer in den Staub.

Die Thermopylenkämpfer.

Wanderer, meld' es daheim Lakedämons Bürgern: erschlagen
Liegen wir hier, noch im Tod ihrem Gebote getreu.

**Inschrift des Denkmals
für die bei Salamis gefallenen Korinther.**

Hellas, dessen Geschick auf die Schneide des Schwertes gestellt
war,
Vom barbarischen Joch rettend mit unserem Blut,
Fielen wir hier, manch bitteres Weh nachlassend den Persern,
Wenn an der Seeschlacht Not künftig das Herz sie gemahnt.
Salamis birgt nun unser Gebein, doch die Mutter Korinthos
Hat uns ein Denkmal hier unserer Taten gesetzt.

Sieg am Eurymedon.

Seit das Gewoge des Meers Europa von Asien losriß
Und wildschnaubender Krieg ihre Geschlechter entzweit,
Ward kein schönerer Sieg der hellenischen Männer erfunden
Als sie zu Wasser ihn hier, als sie zu Land ihn erkämpft.
Denn sie erschlugen am Ufer des Stroms unzählige Meder,
Hundert Schiffe zugleich bohrten sie nieder zur See
Samt den Phönikiern drauf. Doch Asia jammert, an beiden
Händen gelähmt, laut auf unter dem doppelten Streich.

Auf die bei Thermopylä Gefallenen.

Die ihr erlagt an den Thermopylen,
Im Tode gewannt ihr das herrlichste Los!
Ein Altar ist das Grab euch, Gedächtnis die Trauer
    Und die Klage Triumphlied.
Dies Heldenmal deckt nimmer das Moos
    Mit Vergessenheit zu
Noch tilgt es die Allverderberin Zeit.
Denn es wohnt ja mit euch im dunkeln Gewölb
Der Ehrenhort des Hellenengeschlechts,
Mit euch Leonidas, Spartas König,
Der das leuchtende Vorbild männlicher Tat
    Und unsterblichen Ruhm uns nachließ.

Bakchylides von Keos.

Lob des Weines.

Dem Grunde des Bechers entsteigt ein seliger Zauber; das Herz
Durchströmt er mit Kyprias Glut und wiegt das entzückte Ge-
müt
    Mit Hoffnung und scheucht in die Ferne
      Die Sorgen dem Menschengeschlecht.

Ja, wen Dionysos ergriff, der rühmt sich, ein einzelner Mann,
Herab von den Städten den Kranz der Zinnen zu reißen, und
träumt
    Als König die Welt zu beherrschen
      Hochprangend im Purpurgewand.

Da schimmert von Gold das Gemach und köstlich Getäfel er-
glänzt,
Und Schiffe, beladen mit Korn, heimtragen vom Strande des
Nils
    Unendliche Fülle des Reichtums –
      So schwärmet des Trunkenen Sinn.

Spruch.

    Glücklich, wem vom Schönen der Gott ein Teil nur
    Gab und sorglos heiter dahinzuleben;
    Denn noch war kein sterbliches Los in allem
      Selig zu preisen.

Fragment.

Feiste Stiere findest nimmer du bei mir, noch Goldgerät,
Noch gewirkte Purpurdecken; doch dafür ein fröhlich Herz
Und die süße Mus' und blinkend im böotischen Trinkgeschirr
    Milden Wein.

Der Friede[6] .

Großer Friede, du bringst den Menschen Reichtum,
Bringst des süßen Gesangs holdsel'ge Blume.
Auf umkränzten Altären glühn die Opfer
Allen Göttern zum Preis in goldener Flamme,
Zarter Lämmer und junger Stiere Schenkel.
Und der Jünglinge Schar, vereint zum Wettkampf,
Sinnt auf Flötenmusik und Prachtaufzüge.
Doch im Bauche des erzgebundnen Schildes
Webt ihr emsiges Netz die schwarze Spinne;
An dem Eisen des Speers, den Doppelschwertern
Nagt der Rost und es schweigt die Kriegsdrommete.
Nicht mehr meidet, hinweggeschreckt vom Auge,
Uns der liebliche Schlaf, der Herzerquicker;
Alle Gassen sind voll von Festgelagen
Und es leuchten in Glut die Liebeslieder.

---

[6] In Gemeinschaft mit Ernst Curtius übersetzt.

Skolion des Kallistratos.

Tragen will ich das Schwert verhüllt in Myrten,
Wie Harmodios und Aristogiton,
    Da von ihrer Hand fiel der Tyrann
    Und sie dem Volk Athens Freiheit und Recht erkämpft.

Nicht, Harmodios, ruhst du bei den Toten,
Auf der Seligen Flur, so singt man, weilst du,
    Wo Achill, der schnellfüßige Held,
    Und Diomed mit ihm wandelt, des Tydeus Sohn.

Tragen will ich das Schwert verhüllt in Myrten,
Wie Harmodios und Aristogiton,
    Da an Pallas' hochheiligem Fest
    Ihnen Hipparch, der Zwingherrscher der Stadt, erlag.

Unvergänglicher Ruhm ist euer Erbteil,
O Harmodios und Aristogiton,
    Da von eurer Hand fiel der Tyrann
    Und ihr dem Volk Athens Freiheit und Recht erkämpft.

Panyasis von Samos.

Trinklied[7] .

> Freund, frisch auf zum Gelag! Auch dies ist Weisheit, wenn
> einer
> Unter den Gästen des festlichen Mahls am meisten des Weins
> trinkt
> Wohl und mit rechtem Verstand und zugleich aufmuntert den
> Nachbar.
> Wer in der Schlacht Entscheidung ein Held schnellfüßig und
> wacker
> Kämpfe besteht voll Müh' und Gefahr, wo wenige Männer
> Kühn ausharren, dem Sturm Trotz bietend des schreitenden
> Kriegsgotts,
> Dem gleich hoch sei jener geehrt, der an dem Gelage
> Sich von Herzen erfreut und das übrige Volk anfeuert.
> Denn kein Leben ist das, so dünkt mir, oder das Leben
> Eines Erbärmlichen bloß, voll Kümmernis, wenn sich des
> Weines
> Altklug einer enthält und mit anderem Trunke den Durst
> löscht.
> Ist doch der Wein, wie das Feuer, ein Schatz dem Geschlechte
> der Menschen,
> Edel, der Not Abwehr, des Gesangs vieltreuer Begleiter.
> Durch ihn wird ja der Freud' ihr heiliges Recht und der Fest-
> pracht;
> Durch ihn regt sich der Tanz, durch ihn die gepriesene Liebe.
> Darum sollst du mit fröhlichem Sinn beim Mahle Bescheid
> tun,
> Wie sich's gebührt, und nicht, wie nach gierigem Fraße der
> Geier,
> Stumpfen Gemüts dasitzen, der edleren Freude vergessen.

---

[7] In Gemeinschaft mit Ernst Curtius übersetzt.

Inschriften aus der Anthologie.

Gebet.

> Ob wir es betend erflehn, ob nicht: das Gesegnete gib uns,
> Zeus, und erflehn wir es auch, halte das Übel uns fern.

Das Grab des Achill.

> Dies ist der Hügel Achills, des zermalmenden, von den Achä-
> ern
> Künftigem Troergeschlecht noch zum Entsetzen getürmt
> Dicht am Ufer; dem Sohne der Meerflutherrscherin Thetis
> Ziemt es zu ruhn, von des Meers ewiger Klage gewiegt.

Sappho.

> Sappho, die sterbliche Muse, der neun unsterblichen Schwes-
> tern
> Würdig im Wettstreit, ruht hier in äolischem Grund.
> Eros und Kypria liehn den Gesang ihr; nimmer verwelkend
> Flocht aus pierischem Laub Peitho den Kranz ihr ins Haar,
> Hellas zur Lust, Mitylene zum Ruhm. O die ihr des dreifach
> Rollenden Fadens Gespinst, waltende Mören, bestellt,
> Warum spann't ihr der Sängerin nicht unsterbliches Leben,
> Die vom parnassischen Born trunken Unsterbliches schuf?

Herodotos.

> Als Herodotos einst gastfreundlich die Musen bewirtet,
> Reicht' als Gabe des Danks jede der Neun ihm ein Buch.

Äschylos.

> Äschylos deckt dies Grab, Euphorions Sohn, den Athener,
> Welchen der Tod im kornprangenden Gela bezwang.
> Seiner gewaltigen Kraft zeugt Marathons Hain und der Perser

Tiefumlocktes Geschlecht, das sie im Treffen erfuhr.

Sophokles.

Leis umklimme den Hügel des Sophokles, wuchernder Efeu,
   Leis und über den Stein webe das grüne Gelock;
Rings auch blättre die Rose sich auf, und der schwellende
Weinstock
   Träufl' ihm des feuchten Geranks üppige Tränen herab,
Weil er in goldenem Wort durch der Grazien Huld und der
Musen
   Hohe Belehrung so süß uns in die Seele geflößt.

Euripides.

Dies nicht acht' ich Euripides' Denkmal, sondern des Bakchos[8]
   Stufen und der kothurndröhnenden Bühne Gerüst.

Kratinos.

Traun, ein geflügeltes Roß ist der Wein für den fröhlichen Sän-
ger;
   Ein Wassertrinker findet kein begeistert Wort.
Also pries dich Kratin, Dionysos, als er vom Segen
   Nicht eines Schlauchs, nein, ganzer Fässer duftete;
Darum rauschten ihm auch die Gemächer von Kränzen und
troff ihm
   Gleich dir die Stirn verschwenderisch von Efeulaub.

Auf den Tod eines schönen Jünglings.

Der du als Morgenstern den Lebendigen freundlich geleuchtet,
   Gingst den Verstorbenen nun sterbend als Hesperus auf.

---

[8] Die Stufen des Bakchos, die von der Orchestra zum Proszenium führen.

Der Adler.

Über dem Grab aufsteigender Aar, zu welchem der Götter
Dort im Sternengefild strebst du geflügelt empor?
Sinnbild bin ich der Seele des Plato, die zum Olymp sich
Aufschwang, aber der Leib schlummert in attischem Grund.

Die Ruhe des Edlen.

Saon, des Dikon Sohn, der Akanthier, schlummert den heil'gen
Schlaf hier; nenn' es nicht Tod, ging der Gerechte zur Ruh'.

Am Brunnen.

Bergumwandelnder Pan, zwiehörniger Führer der Nymphen,
Der du die Grotte dahier wölbtest, wir flehen dich an:
Sei uns freundlich gesinnt, so viele wir, uns zu erquicken,
Deinem kristallenen, stets rieselnden Borne genaht.

Das Erzbild der Aphrodite.

Dies ist Kyprias Grund. Denn immer schaute sie gerne
Hier vom hohen Gestad über das leuchtende Meer,
Daß sie den Schiffern die Fahrt vollendete; flutet die See doch
Stiller, so weit sie das erzschimmernde Bildnis gewahrt.

Die Spartanerin.

Demärete, die wider den Feind acht Söhne gesendet,
Legte sie all ins Grab unter demselbigen Stein;
Aber sie brach nicht aus in unendliche Klage, sie sprach nur:
Heil dir, Sparta! für dich trug ich die Kinder im Schoß.

Die Toten von Chäronea.

Chronos, gewaltiger Gott, allschauender, tu es, ein treuer
Bote, den Sterblichen kund, was wir erduldet an Leid,
Die wir, den Rettungskampf für die heilige Hellas versuchend,

Hier auf böotischem Grund faulen, vom Schwerte gefällt.

Zweites Buch.
Römische Elegien und Verwandtes.

Albius Tibullus.

An Messala.

Nach dem Ägäischen Meer, Messala, ziehst du von hinnen;
 Sei denn meiner in Huld mit den Gefährten gedenk!
Ach, mich fesselt erkrankt dies fremde Phäakengestade!
 Bleib mit der gierigen Hand, finsterer Tod, mir noch fern!
Bleib mir noch fern, o laß dich erflehn! Hier kann ja die Mutter
 Nimmer die Asche des Sohns sammeln ins Trauergewand,
Nimmer die Schwester den Staub mir sprengen mit duftiger
Narde,
 Noch mit verwildertem Haar klagen am Rande der Gruft.
Ach, und Delia fehlt, die zärtlich, eh' sie mich fortließ,
 Um mein Wandern besorgt jedes Orakel befragt.
Dreimal zog ihr der Knabe das Los heilkündend, und dreimal
 Bracht' er vom Kreuzweg ihr günstige Zeichen zurück.
Alles verhieß Heimkehr; doch unwillkürlich ins Auge
 Kamen die Tränen ihr stets, wenn sie der Fahrt nur gedacht;
Ach, dann tröstet' ich wohl, und selbst doch ängstlich, als alles
 Schon zur Reise beschickt, hascht' ich nach jedem Verzug.
Bald weissagten die Vögel ein Unglück, oder die Opfer,
 Bald am Tage Saturns hielt mich die Feier zurück.
Noch beim Scheiden zuletzt, o wie oft zu schlimmer Bedeu-
tung
 Glaubt' ich gestrauchelt zu sein, wenn ich die Schwelle be-
schritt!
Wage keiner hinfort zu entfliehn, wenn Amor ihn festhält,
 Oder dem Zorne des Gotts fällt er – er wiss' es – anheim.
Was hilft Isis mir nun, die du riefst: Was helfen die Zimbeln,
 Delia, die du so oft, fromm sie zu ehren, gerührt?
Was dein gläubiger Dienst am Altar und die sühnende Wa-

schung?
    Oder daß du so lang' züchtig das Lager bewahrt?
Jetzt, jetzt, Göttin, erbarme dich mein! du weißt ja zu heilen;
    Manche Gedenkschrift zeugt's, welche den Tempel dir
schmückt.
Dann soll Delia dir, mein sehnlich Gelübd' zu erfüllen,
    An der geheiligten Tür sitzen im Linnengewand
Und dich, wallenden Haars, weißschimmernd im Schwarm
der Ägypter,
    Zweimal jeglichen Tag preisen mit Feiergesang.
Doch mir werd' es beschert, die Penaten der Väter zu grüßen
    Und dem Gotte des Herds wieder das Opfer zu weihn.
O wie lebte sich's gut in den Tagen Saturns, da den Erdkreis
    Ins Endlose noch nicht winkende Straßen gedehnt,
Da kein fichtener Kiel noch getrotzt der azurenen Woge
    Oder den Winden zur Lust schwellende Segel gebläht!
Damals staute noch nicht, in der Fremd' umschweifend, der
Kaufherr
    Mit ausländischer Fracht, willig zum Tausche, das Schiff;
Noch nicht beugte der Stier in das Joch den gewaltigen Na-
cken,
    Nicht mit bezähmtem Gebiß knirscht' in die Zügel das Roß.
Keine Pforte beschloß noch das Haus, kein ragender Grenz-
stein
    Teilte, Gebiet von Gebiet scheidend, in Äcker das Land;
Honig gaben die Eichen von selbst, freiwillig dem Durst'gen
    Reichte zum Trunk sein milchschwellendes Euter das Schaf.
Hader und Groll war fern und der Krieg; noch hatt' in den
Gluten
    Kein hartherziger Schmied schneidende Schwerter gestählt.
Jetzt, in Jupiters Reich, sind Mord und Wunden und Meer-
fahrt
    Tägliches Los und es naht tausendgestaltig der Tod.
Schonung, Vater! Es lastet auf mir kein Frevel des Meineids,
    Nie mit sträflichem Wort hab' ich die Götter verletzt.
Aber dafern mir die Frist der beschiedenen Jahre dahinrann,
    Werd' auf den Hügel ein Stein mir zum Gedächtnis gesetzt:
»Hier erlag dem Geschick frühzeitigen Todes Tibullus,

Als er durch Land und Meer seinem Messala gefolgt.«
Aber es führt mich dann, den in Amors Dienste Bewährten,
    Cypria selbst voll Huld in den elysischen Hain.
Dort schallt Reigen umher und Gesang; aus silberner Kehle
    Hellaufzwitschernd vor Lust schwärmen die Vögel im
Laub;
Edles Gewürz trägt wuchernd der Hag, in unendlicher Fülle
    Deckt die gesegnete Flur duftendes Rosengebüsch;
Unter die Jünglinge mischt sich der Chor holdseliger Mäd-
chen
    Spielend, und ewig beginnt Amor von neuem den Kampf.
Dort weilt, wen das Geschick fortriß aus den Armen der Lie-
be,
    Dort mit Myrtengezweig kränzt er das schimmernde Haar.
Aber in ewiger Nacht liegt drunten das Reich der Verdamm-
ten,
    Das mit Klagegesang schwarzes Gewässer umrauscht.
Wütend schüttelt Tisiphone dort in den Locken die Schlangen,
    Und mit Entsetzen zerstiebt rings der verworfene Schwarm;
Dann speit zischende Glut aus den Drachenhäuptern der
schwarze
    Cerberus aus und hält Wacht an der Pforte von Erz.
Sausend kreist auf dem Rade die Frevlergestalt des Ixion,
    Weil er die Gattin des Zeus frech zu versuchen gewagt;
Durch neun Morgen gestreckt liegt Tityos, welchem der Geier
    Unablässig mit Gier Herz und Geweide zerfleischt;
Tantalus steht in der Flut, doch sooft er die Qualen des Durs-
tes
    Eben zu löschen vermeint, zieht sich die Welle zurück.
Und die Venus' Gebot mißachteten, Danaus' Töchter
    Schöpfen aus Lethes Strom in das durchlöcherte Faß.
O dort büße die Schuld, wer unsere Liebe verleumdet,
    Wer langwierigen Dienst mir in den Waffen gewünscht!
Doch dir leg' ich ans Herz: bleib treu, und immer am Ruhbett
    Sitze, die heilige Zucht hütend, das Mütterchen dir.
Märchen erzähle sie dir und spinne vom schwellenden Ro-
cken
    Emsig beim Ampelgeleucht schimmernde Fäden herab,

Während den Mägden umher, den tagwerkmüden, im Halb-
schlaf
    Aus nachgiebiger Hand leise die Spindel entsinkt.
Plötzlich dereinst dann tret' ich herein und es meldet mich
keiner,
    Nein, wie vom Himmel herab, Delia, bin ich genaht.
Doch du fliegst, wie du bist, in Verwirrung die flatternden
Locken,
    Stürmisch mit nacktem Fuß stiegst du dem Freund an die
Brust.
O *den* Morgen des Glücks, wann führst du ihn – höre mich
flehen! –
    Uns mit dem Rosengespann, Göttin Aurora, herauf!

Sulpicia.

Festlich schmückt sich, o Mars, zu deinen Kalenden die Jung-
frau,
    Weißt du, was schön ist, so komm selbst vom Olymp, sie zu
schaun!
Venus wird es verzeihn; doch magst du dich, Stürmischer,
hüten,
    Daß vor Bewunderung dir schmählich der Schild nicht
entfällt,
Denn will Amor das Herz unsterblicher Götter entzünden,
    Ihr am Auge zuvor steckt er die Fackel in Brand.
Was sie beginnt und wohin die beflügelten Schritte sie wen-
det,
    Heimlich zu jeglichem Tun folgt ihr die Grazie nach.
Löst sie das Haar, o wie steht ihr so schön die entfesselte Lo-
cke,
    Schmückt sie es auf, wie verleiht würdigen Glanz ihr der
Schmuck!
Wallt sie im faltigen Purpur daher, sie setzt dich in Flammen,
    Setzt dich in Flammen, umfließt schlicht sie das weiße Ge-
wand.
So im hohen Olymp hat nur Vertumnus, der sel'ge,
    Tausendgestaltigen Schmuck, tausendgestaltigen Reiz.

O dies Mädchen allein ist wert, daß reiche Gewänder
    Ihr mit köstlichem Saft doppelt der Tyrier tränkt;
Ihr nur ziemt als Tribut, was fern der arabische Pflanzer
    Auf duftglühenden Aun sammelt an edlem Gewürz
Oder an Perlengeschmeid aus des Ostmeers purpurner Tiefe
    Nahe dem Sonnengespann Indiens Taucher gewinnt.
Stimmt ihr ein Lied denn an, ihr Musen, am heiligen Neu-
mond!
    Herrlich, die Leier im Arm, führe den Reigen, Apoll!
Segnet ihr heute das Fest und noch oft in künftigen Jahren;
    Würdiger eures Gesangs findet ihr keine, wie sie.

Sulpicia an Cerinth.

Schone den Jüngling mir, o schon' ihn, reißender Eber,
    Der du im Saatfeld wühlst oder im finstern Geklüft!
Heute vergiß es, zum Kampf die entsetzlichen Hauer zu wet-
zen!
    Amors treues Geleit schütze mir gnädig den Freund!
Aber es reißt ihn Diana dahin im Taumel der Jagdlust;
    O, verdürbe der Forst! Träfe die Meute der Tod!
Hat es denn Sinn, die bewaldeten Höh'n mit dem Seil zu um-
spannen,
    Bis die empfindliche Hand hart sich mit Schwielen bedeckt,
Oder das lagernde Wild in verwachsener Kluft zu beschleichen,
    Wo an Distel und Dorn blutig der Schenkel sich ritzt?
Dennoch, dürft' ich im Forst nur *mit* dir schweifen, Cerinthus,
    Über die Berge, wie gern trüg' ich die Netze für dich!
Selbst dann sucht' ich die Spur des beflügelten Hirsches zu
finden,
    Selbst vom eisernen Ring löst' ich zum Stöbern den Hund.
Ja, dann deuchte der Wald mir schön, und möchten sie schel-
ten,
    Daß ich, Geliebter, mit dir neben den Garnen geruht.
Käme der Eber uns dann ins Geheg, frei dürft' er entrinnen,
    Nimmer im seligen Rausch sollt' er uns stören fürwahr!
Aber solang' ich dir fern, sei keusch und, die keusche Diana
    Ehrend, stelle das Netz, Knabe, mit züchtiger Hand!

Sucht mir eine mit heimlicher List dein Herz zu entwenden,
  Ha, vom reißenden Wild werde die Falsche zerfleischt!
Doch du gönne dem Vater die Lust und Mühe des Weidwerks,
  Liebster, und kehr' im Flug mir an den Busen zurück.

Sextus Aurelius Propertius.

An Tullus.

Ob du, in üppiger Ruh' am Tibergestade gelagert,
    Aus bildreichem Pokal duftigen Lesbier schlürfst
Und mit Behagen dem Flug zuschaust der besegelten Kähne
    Oder der Schleppschiffahrt träge verzögertem Gang,
Ob dich im Park ein Gewölb majestätischer Wipfel umschattet,
    Stämme von riesigem Wuchs, wie sie der Kaukasus trägt:
Nimmer vermag sich doch *das* mit unserer Liebe zu messen:
    Amor erscheint und im Preis sinken die Güter der Welt.
Weiß die Geliebte des nächtlichen Glücks kein Ende zu finden
    Oder vertändelt sie mir heiter gewährend den Tag,
Ja, dann schwillt mir das Haus vom goldenen Strom des Pakto-
lus,
    Dann im arabischen Meer les' ich der Perlen genug.
Stolz vom Gipfel der Lust auf Könige blick' ich hernieder,
    Also bleib' es, solang' Odem ein Gott mir beschert.
Denn wer würde des Reichtums froh, wenn Amor ihm feind
ist?
    Nichtig ist jeder Ersatz, wendet Cythere sich ab.
Weiß sie den Nacken doch selbst siegreicher Heroen zu beu-
gen,
    Selbst in Gemüter von Erz flößt sie verzehrendes Weh;
Furchtlos setzt sie den Fuß auf die Zedernschwelle des Krösus
    Und kein Purpur am Bett schreckt die Verwegne zurück,
Voll unruhiger Pein auf dem Lager zu wälzen den Jüngling,
    Der sich umsonst in des Pfühls schillernde Seide vergräbt.
Aber ist sie mir hold, so bedünken die Reiche der Welt mir
    Kleiner Gewinn und gering acht' ich Alcinous' Schatz.

Cynthia.

Frei schon dacht' ich zu sein und verschwur auf immer die
Mädchen,
    Aber verräterisch bricht Amor den Friedensvertrag.

Weshalb muß solch reizend Geschöpf auch wandeln auf Erden?
    Ja, nun fass' ich's, daß einst Jupiter Mädchen geraubt.
Dunkelstes Gold ist das Haar, und die Hand zartlänglicher
Bildung,
    Fürstlich der Wuchs und der Gang würdig der Schwester des
Zeus,
Oder wie Pallas am Fest zum Altar von Dulichium hinwallt,
    Gorgos Schlangengelock um die gepanzerte Brust.
Auch der Ischomache dünkt sie mir gleich, der Lapithischen
Heldin,
    Die sich zum köstlichen Raub trunkne Zentauren ersahn,
So auch ruht' an der heiligen Flut des Böbeischen Sees wohl
    Brimos hehre Gestalt zärtlich an Hermes geschmiegt.
Ja, sie besiegt selbst euch, ihr Olympischen, die ihr dem Hirten
    Droben am Ida den Reiz göttlicher Glieder enthüllt.
O mag nimmer die Zeit dies Haupt feindselig berühren,
    Sollt' es ein Alter auch sehn, greise Sibylle, wie deins!

An sich selbst.

Der du noch eben geprahlt, kein Mädchen bestricke dich
wieder,
    Zappelst im Garn und zu Fall kam der vermessene Stolz.
Kaum vier Wochen der Rast, Unseliger, hast du ertragen,
    Und schon wieder ein Buch schreibst du, verliebt wie ein
Tor.
Freilich es galt den Versuch, ob ein Fisch sich eher ans
Trockne,
    Ob ein Keuler sich eh'r an das Geschaukel des Meers
Oder ob ich mich nachts an ernstes Studieren gewöhnte –
    Liebe verreist wohl einmal, aber sie wandert nicht aus.
Doch nicht fesselt mich bloß das Gesicht, wie zart es gefärbt
ist
    (Und den Lilien blüht meine Gebieterin gleich;
Wie wenn Mäotischer Schnee wetteifert mit spanischem
Purpur
    Oder in lautere Milch Blätter die Rose gestreut),
Nicht bloß reizt mich das Haar, um den schimmernden Na-

cken sich ringelnd,

    Nicht der Augen ins Herz zündendes Doppelgestirn
Oder die Brust, wenn sie sacht aus arabischer Seide hervor-
lauscht

    (Wahrlich, um zärtlich zu glühn, braucht' es der Gründe
nicht mehr),
Nein, das reißt mich dahin, wenn sie tanzt, vom Weine be-
geistert,

    Schön, wie den bacchischen Chor einst Ariadne geführt,
Wenn sie ein schmelzendes Lied auf äolischer Leier versu-
chend

    Mit aganippischer Kunst spielend die Saiten beherrscht,
Oder als Dichterin heut an die Seite sich stellt der Corinna,

    Morgen Erinnas Gesang kühn zu verdunkeln sich müht.
Hat bei deiner Geburt, Holdselige, neben der Wiege

    Dir zum Segen vielleicht Amor, der heitre, geniest?
Denn *die* himmlischen Gaben verleiht uns Menschen ein Gott
nur,

    Nicht von der Mutter genährt, glaube mir, sogst du sie ein,
Nein, solch hohes Geschenk stammt nimmer aus sterblichem
Samen,

    In zehn Monden noch nie wurde so Köstliches reif.
Drum auch wirst du nicht stets mich beglücken in irdischem
Bunde,

    Jupiters Lager dereinst teilst du, die erste aus Rom.
Bist du doch einzig erblüht als die Krone der römischen
Mädchen,

    Nie seit Helena schaut' ähnlichen Zauber die Welt,
Und ich verwundre mich noch, wenn unsere Jugend in
Brand steht?

    Herrlicher wäre ja selbst Troja verlodert um dich.
Sonst zwar faßt' ich es kaum, wie sich Asia dort und Europa

    In so schrecklichen Krieg nur um ein Mädchen gestürzt;
Doch jetzt geb' ich euch recht, dir, Paris, und dir, Menelaos,

    Dir um die Forderung, dir, weil du sie trotzig versagt.
Dürfte doch auch für Cynthias Reiz ein Achill in den Tod
gehn;

    Priamus, schaut' er sie nur, hieße die Fehde gerecht.

Wer drum Schöneres gern als der Vorzeit Meister erschüfe,
  Wähle zum Urbild der meine Gebietrin sich aus;
Zeig' er im Westen sie dann der bewundernden Welt und im
Osten,
  Und in Liebe verglühn Osten und Westen für sie.

Triumph der Liebe.

Nicht so freudig beging den Dardanertriumph der Atride,
  Als Laomedons Burg endlich, die mächtige, fiel,
So nicht jauchzte das Herz dem Ulyß am Ziele der Irrfahrt,
  Als er der Sehnsucht Land, Ithakas Ufer betrat,
Nicht so selig umschlang den geretteten Bruder Elektra,
  Dessen vermeintes Gebein kaum sie mit Tränen beströmt,
Wie ich selber in Wonne geschwelgt die vergangene Nacht
durch;
  Wollt ihr unsterblich mich sehn, gebt mir noch eine, wie die!
Freilich, solang' ich, den Nacken gebeugt, demütig einher-
schlich,
  Hieß langweilig ich ihr, wie ein versumpfender Teich.
Doch nun gab sie es auf, gleichgültig die Spröde zu spielen,
  Nicht mehr stellt sie sich taub, schütt' ich in Klagen mich aus.
Hätt' ich nur früher erkannt, was not tut, Mädchen zu rühren,
  Nicht dem Verschmachteten erst würde die Labung zuteil.
Und mir schimmerte doch, mir Blindem, der Pfad vor den Fü-
ßen;
  Doch wen Liebe betört, hat er noch Augen, zu sehn?
Jetzt erst weiß ich was einzig euch frommt: Tut kalt, ihr Ver-
liebten!
  Und was sie heute versagt, bieten sie morgen von selbst.
Andere pochten am Laden umsonst und riefen sie: Herrin!
  Aber an mich voll Ruh' schmiegte sie zärtlich das Haupt.
Das ist größerer Sieg, als hätt' ich die Parther bezwungen;
  Könige, Beute, Triumph acht' ich dagegen gering.
Nun soll köstlicher Schmuck, Cytherea, die Säule dir kränzen,
  Und mit goldener Schrift nenne den Geber das Lied:
»Diese Trophäen erhöht vor deinem Tempel, o Göttin,
  Weil er die seligste Nacht liebend verschwärmte, Properz.«

Publius Ovidius Naso.

Die Neujahrsfeier.
(An Germanikus.)

Sieh, ein gesegnetes Jahr, Germanikus, bietet dir Janus;
    An des Gesangs Eingang grüßt er, der erste, dich hier.
Janus, des sacht hingleitenden Jahrs zwiehäuptiger Vater,
    Einziger, der im Olymp vor sich und hinter sich schaut,
Sende den Feldherrn Heil, die, mühvoll ringend im Kampfe,
    Ruhe dem Land für die Frucht schufen und Ruhe dem Meer.
Heil auch spende den Vätern der Stadt und dem Volk des
Quirinus!
    Deines Tempels Verschluß öffne mit gnädigem Wink!
Segen verheißend erhebt sich das Licht. Mit Wort und Gesin-
nung
    Feiert! Am glücklichen Tag ziemt sich ein glücklicher Spruch.
Hader verschone das Ohr, es verstumme der lärmende Rechts-
streit,
    Laß vom gehässigen Werk, neidische Zunge, für heut.
Sieh, wie der Himmel umher sich rötet von duftenden Feuern!
    Knisternder Weihrauch sprüht auf den Altären empor;
Um das vergoldete Tempelgesims spielt flackernder Glutschein
    Und in zitterndes Licht stehn die Gewölbe getaucht.
Zur Tarpejischen Burg schon strömt in weißen Gewändern,
    Dicht sich scharend, das Volk, festlich zum Feste geschmückt.
Neue Liktoren eröffnen den Zug, neu schimmert der Purpur,
    Neuer Würden Gewicht spürt der kurulische Stuhl.
Stiere, vom saftigen Halme genährt der faliscischen Weide,
    Nie vom Pfluge berührt, bieten zum Opfer den Hals.
Ja, blickt Jupiter heut von der himmlischen Burg auf den Erd-
kreis,
    Nichts als Römergebiet schaut er, der Lenker des Alls.
Sei denn gegrüßt, o Fest, und herrlicher kehr' uns zurück stets,
    Vom weltherrschenden Volk würdig gefeiert zu sein.

Auf den Tod des Tibullus.

Wenn um Memnon die Mutter, die Mutter geweint um Achil-
les,
    Und solch herbes Geschick selbst die Unsterblichen beugt,
Löse denn schmucklos heut, Elegie, zur Klage die Locken,
    Ach, und in schmerzlicher Pflicht zeige des Namens dich
wert.
Denn *er*, den du geliebt, dein Ruhm, dein Priester, Tibullus,
    Hier, ein entseeltes Gebild, liegt er den Flammen ein Raub.
Siehe, den Köcher zur Erde gekehrt, naht Cyprias Knabe,
    Kläglich die Fackel verlöscht, Bogen und Pfeile zerknickt.
Schau, wie bekümmert er schleicht, langsam, mit hängenden
Flügeln,
    Wie mit verzweifelnder Hand wild er die Brust sich zer-
schlägt.
Feucht von Tränen umfliegt die verworrene Locke den Nacken,
    Und ein gebrochener Laut ringt sich vom bebenden Mund.
So einst, meldet das Lied, bei des Bruders Äneas Bestattung,
    Schritt er aus deinem Gemach, schöner Iulus, hervor.
Auch Cytherea verging um Tibull vor Schrecken, wie damals,
    Als den Adonis ihr gräßlich der Eber zerfleischt.
Und doch nennt man uns Sänger geweiht und geliebt von den
Göttern,
    Ja, ein olympischer Hauch, sagen sie, sei uns beschert.
Aber umsonst! So heilig ist nichts, daß der Tod es verschonte.
    Gierig mit finsterer Hand rafft er uns alle hinweg.
Orpheus' herbes Geschick, nicht wandten es Vater und Mutter,
    Noch der Gesang, dem zahm fleckige Panther gelauscht,
Ach, und um Linus, den Sohn, um Linus durch die Gebirgs-
höh'n,
    Durch die Wälder umsonst klagte die Leier Apolls.
Nenn' ich Homer? Wohl strömte von ihm auf die Lippen der
Dichter
    Nimmer versiegend ein Quell hehrer Begeisterung aus,
Doch es verschlang auch ihn unerbittlich die Nacht des Aver-
nus;
    Aus den Flammen der Gruft schwang sich allein der Gesang,
Nun lebt ewig im Liede der Ruhm der eroberten Troja,

Ewig Penelopes nie fertiges Schleiergeweb.
So wird Nemesis auch, so Delia künftig genannt sein,
    Die er zuerst sich erwählt, die er im Tod noch geliebt.
Weh, was frommen die Weihen euch nun und die Zimbeln der
Isis?
    Oder, daß ihr am Fest züchtig das Lager bewahrt?
Raubt uns die Edelsten stets das Geschick, so werd' ich im
Glauben,
    Laßt es mich immer gestehn, an die Olympier irr.
Lebe gerecht und du stirbst, wie gerecht auch; opfre den Göt-
tern,
    Und vom Opferaltar reißt in die Gruft dich der Tod;
Such' im Gesang dein Heil; hier liegt – o schau es – Tibullus,
    Nur was die Urne beschließt, blieb von dem Hohen uns nach.
Hat es die Flamme gewagt, dein ruhendes Haupt zu versehren,
    Wich sie nicht scheu vor dir, heiliger Sänger, zurück:
Wahrlich was hindert sie dann, die vermessene, daß sie der
Götter
    Goldene Tempel nicht auch frevelnd in Asche begräbt?
Und doch tröstlicher war's, als hätte Phäaciens Eiland
    Mit unwürdigem Staub fern dich, den Fremdling, bedeckt;
Schloß doch dem Sterbenden hier im Verlöschen das Auge die
Mutter,
    Und ihr letztes Geschenk brachte der Asche sie dar,
Eilte die Schwester doch her, in die Klage der jammernden
Greisin
    Einzustimmen; verstört kam sie, mit fliegendem Haar.
Nemesis auch, mit den Deinen vereint, und die Jugendgeliebte
    Küßten dich weinend, und treu sind sie der Leiche gefolgt.
Reineres Glück hab' ich dir gebracht, rief Delia scheidend,
    Ach, du lebtest, solang' zärtlich für mich du geglüht!
Nemesis schluchzte darauf: Was rühmst du dich meines Verlus-
tes?
    Mir im Tode zuletzt hat er die Hand noch gedrückt.
Aber besteht von den Toten noch mehr als Schatten und Name,
    O dann wandelt Tibull jetzt in Elysiums Hain.
Komm ihm entgegen, die blühende Stirn umwunden mit Efeu,
    Traulich an Calvus gelehnt, grüß' ihn, beredter Catull!

Du auch Gallus, dafern sie dich falsch des Verrates bezüchtigt,
    Der du Leben und Blut allzu entschlossen verströmt!
Ihrer Erscheinung gesellt, – wenn ein Bild noch haftet am Schatten –
    Wallst du nun, sanfter Tibull, unter den Seligen hin.
Möge denn süß dein Staub ausruhen in sicherer Urne,
    Also fleh' ich, und leicht decke die Erde dich zu!

Der Tod der Fabier.

Faunus, dem ländlichen, dampft der Altar an den Iden des
Hornung,
    Wo sich, die Arme des Stroms teilend, die Insel erhebt.
Dies ist der Unglückstag, da einst vor Veji die dreimal
    Hundert und dreimal zween Fabier blieben im Kampf.
Ein Haus hatte begehrt, für die Ehre der Stadt und die Kriegs-
last
    Einzustehn, und zum Schwert griff das gesamte Geschlecht.
Aus der Familienburg rückt stattlich die adlige Freischar,
    Jeglicher Streiter im Glied würdig, ein Führer zu sein.
Rechtshin ziehn sie, dem Janus zunächst, durchs Tor der
Carmenta.
    (Meide den Bogen! Ein Fluch, Wanderer, haftet aus ihm!)
Als sie im Eilschritt drauf an der Cremera Strudel gekommen –
    Winterlich trüb' im Fluß brausten die Wasser dahin –
Schlagen ein Lager sie dort und, das Schwert dann zückend,
gewaltsam
    Brechen sie mitten hinein in das tyrrhenische Heer,
Wie wohl hungrige Leun von Libyens Felsengebirge
    Über die Herden des Tals fallen im Weidegefild.
Rasch ist die Schar der Vejenter zersprengt; Schmachwunden
im Rücken,
    Fliehn sie und färben den Grund rot mit etruskischem Blut,
Also erliegen sie wieder und oftmals. Endlich am offnen
    Siege verzweifelnd, verschmitzt rüsten sie Waffen der List.
Wo sich ein Blachfeld dehnt, von waldigen Hügeln umschlos-
sen,
    Die manch sichern Versteck bieten dem Wild des Gebirgs,

Dort bleibt draußen ein Häuflein zurück samt etlichen Rindern,
    Aber im dichten Gebüsch lauert die übrige Schar.
Sieh, und wie sich ein Bach, vom strömenden Regen geschwollen
    Oder vom Schnee, den lau säuselnde Weste gelöst,
Über die Felder und Straßen ergießt und nimmer im alten
    Festumuferten Bett seine Gewässer beschließt,
So durchs Tal hinstürmen die Fabier, weit sich zerstreuend;
    Sicher gemacht durch den Schein, denken sie keiner Gefahr.
Adlige Streiter, wohin? Zu sorglos traut ihr dem Feinde!
    Ritterlich freudiger Mut, fürchte den tückischen Pfeil!
Tapferkeit fällt durch List; ringsher in die offenen Felder
    Bricht urplötzlich der Feind, alles umzingelnd, hervor.
Was sind wider ein Heer von Tausenden wenige Helden?
    Wo im Drange der Not bleibt den Verlornen ein Hort?
Gleich wie der Eber, gehetzt in Laurentums wildem Gebirgsforst,
    Mit weißblitzendem Zahn hauend die Meute zerfleischt,
Doch dann selber erliegt, so fallen sie, grause Vergeltung
    Übend und Streich um Streich säen und ernten sie Tod.
Ein Tag hatte zum Kampfe die Fabier alle berufen,
    Alle verdarb *ein* Tag, wie sie dem Rufe gefolgt.
Doch daß in Herkules' Haus nicht ganz ausstürbe der Same,
    Sichtbar hatten darob, mein' ich, die Götter gewacht.
Denn ein Knabe, zu jung noch und zart zum Dienste der Waffen,
    Blieb vom Fabierstamm, *einer* von allen, verschont,
Blieb's, auf daß uns dereinst du, Maximus, könntest erstehen,
    Durch dein Zaudern der Stadt Rettung zu schaffen und Heil.

Das Schenkmädchen.
Dem Virgil zugeschrieben.

Syriens Schenkin, geübt, nach dem Takte der Rohrkastagnetten,
  Zierlich und schmuck sich zu drehn, griechische Bänder im
Haar,
Tanzt vom Becher erhitzt an dem Tor der geschwärzten Taber-
ne,
  Während sie über dem Haupt rasselnd die Klappern bewegt.
»Fremdling, willst du erschöpft im brennenden Staube vorbei-
ziehn,
  Statt, hinlagernd am Wein, dir ein Genüge zu tun?
Hier sind Fässer und Krüge genug, hier Saiten und Flöten,
  Becher und Blumen, und kühl spannt sich ans Rohr das Ge-
zelt.
Auch des Hirten Schalmei, die Verkünderin ländlicher Freuden,
  Schallt, wie sie lieblicher nicht Mänalus' Grotte vernahm.
Landwein haben wir hier, erst eben gezapft aus dem Pech-
schlauch,
  Haben daneben den Born, der mit Geplätscher entrauscht.
Hier sind gelbe Violen, zum Kranz anmutig gewunden,
  Hier mit lichtem Jasmin purpurne Rosen verwebt,
Lilien auch, von des Bachs jungfräulicher Welle gefeuchtet,
  Die im Körbchen von Bast gütig die Nymphe beschert.
Auf dem Binsengeflecht schon trocknen die zierlichen Käse,
  Pflaumen, golden wie Wachs, liefert der Herbst auf den
Tisch;
Auch der Kastanie Frucht und den hellrot schwellenden Apfel,
  Eben am Stengel gereift, bläuliche Gurken dazu,
Blutige Maulbeern auch und rankende Trauben, es winken
  Ceres in reinster Gestalt, Amor und Bromius dir.
Kehre denn ein! Von Schweiß schon trieft dein keuchendes
Saumtier,
  Schon' es; erwies sich doch selbst Vesta den Eseln geneigt.
Schwirrend ertönt in den Büschen bereits der Gesang der Zika-
de,
  Und in den kühlsten Versteck schlüpft die Lazerte zurück.

Bist du gescheit, so trink aus dem Mischkrug gleich dir ein
Räuschchen,
   Oder beliebt dir ein Kelch erst aus geschliffnem Kristall?
Eia, dehne die Glieder zur Rast im Schatten des Weinlaubs,
   Und mit Rosengewind' kränze das trunkene Haupt!
Nippe, Jüngling, den Kuß von den blühenden Lippen des Mäd-
chens,
   Gönn' es den Greisen, die Stirn mürrisch in Falten zu ziehn!
Willst du den duftenden Kranz für ein fühllos Restchen von
Asche
   Sparen und wähnst fürs Grab unsere Blumen gepflückt?
Wein und Würfel daher! Wer grämt sich um morgen! – Im Na-
cken
   Steht uns der Tod und »Lebt!« raunt er, »ich bleibe nicht
aus.«

Quintus Horatius Flaccus.

Der Schwätzer.
Satire.

Über den heiligen Weg hinschlendert' ich, wie ich gewohnt
bin,
Irgendein Verschen im Kopf, was weiß ich? und ganz in
Gedanken –
Kommt mir da einer gerannt, kaum kenn' ich den Mann nach
dem Namen,
Drückt mir die Hand fast lahm und: »Wie geht es, Verehrtes-
ter?« fragt er.
»Leidlich, so weit« – antwort' ich zerstreut – und »ergebens-
ter Diener.«
Drauf, als er Schritt stets hält, abbrechend: »Befiehlst du noch
sonst was?«
»Teuerster,« sagt er, »so fremd? Ich gehöre zur Kunst ja.« –
»Das freut mich
Herzlichst«, gab ich zurück, und loszukommen begierig,
Ging ich geschwinder und blieb dann stehn und raunte dem
Diener
Dies und jenes ins Ohr, indes auf die Stirn mir der helle
Angstschweiß trat. »O stünde Bolans glückselige Grobheit
Mir zu Gebot!« So seufzt' ich für mich, da jener ins Zeug nun
Schwatzt' und die Straßen umher und die Stadt pries. Als ich
beharrlich
Schwieg, da begann er zuletzt: »Du möchtest um alles mich
los sein,
Längst schon hab' ich's gemerkt; doch vergib, ich bin zäh,
und ein Endchen
Geh' ich noch mit. Wo soll's denn hinaus?« – »Nicht nötig;
ein Umweg
Wär' es für dich. Ich will auf Besuch; du kennest den Mann
nicht,
Jenseits liegt er mir krank, weit weg, an den Gärten des Cä-
sar.« –

»Bin ich doch frei und wacker zu Fuß; ich begleite dich immer.« –
Kleinlaut hing ich das Ohr und verdrossenen Sinns, wie ein Esel,
Dem man zu viel auf den Rücken gepackt. Da begann er aufs neue:
»Überschätz' ich mich nicht, so werd' ich so lieb dir wie Viskus
Oder wie Varius sein. Schreibt einer so viel und so rasch denn
Verse wie ich? und bewegt sich so leicht mit gefälligem Anstand?
Auch zu singen versteh' ich, Hermogenes dürft' es beneiden.« –
Ärgerlich fahr ich dazwischen: »Du hast noch die Mutter am Leben?
Oder Geschwister vielleicht, die um dich sorgen?« – »Nicht eins mehr.
Alle begraben!« – Die Glücklichen die! Nun bin ich geliefert.
Mach' denn ein End'! Es erfüllt sich das Schicksal, das mir als Kind einst,
Da sie das Los mir warf, die Sabellische Hexe geweissagt:
»Diesen entführt nicht Gift, nicht feindliches Schwert zu den Schatten,
Auch kein Lungengebrest noch Husten und lähmende Fußgicht,
Sondern es bringt ihn einmal ein Schwätzer ums Leben; die Schwätzer
Halt' er sich weislich darum vom Leibe, sobald er heranwächst.« –
Schon auf Mittag ging's und wir kamen zum Tempel der Vesta,
Wo zufällig er heut auf Bürgschaft vor dem Gericht sich
Stellen mußte, wo nicht, auf ein günstiges Urtel verzichten.
»Gingst du mir,« sprach er, »vielleicht hier etwas zur Hand?« – »Ich bedaure.
Müßt' ich sterben darum, kein Wörtchen versteh' ich vom Rechtsgang;

Und dann eil' ich, du weißt ja, wohin?« – »Schlimm,« sagt' er;
»was tu' ich?

Geb' ich nun *dich* auf oder den Spruch?« – »*Mich*, Liebster!« –
»O nicht doch!«

Ruft er und stapft drauf zu, und ich, vom vergeblichen
Kampfe

Mürbe bereits, ihm nach. – »Wie stehst du denn jetzt mit
Mäcenas?«

Fragt er aufs neu', »er ist schwer zugänglich, heißt es, ge-
scheit sonst,

Und sein Schäfchen versteht er zu scheren. Du fändest an mir
hier

Einen verläßlichen Freund, dein Spiel zu begünstigen, wärst
du

Mich zu empfehlen geneigt. Mein Leben verwett' ich, wir
stächen

Alle die übrigen aus.« – »Du irrst! So geht es nicht zu dort,
Auch im entferntesten nicht. Kein Haus ist reiner und sol-
chen

Häßlichen Künsten so fremd. Mir schadet es nie, wenn ein
andrer

Witziger oder vermögender ist. Der gebührende Platz wird
Jedem zuteil.« – »Da behauptest du viel. Kaum glaublich!« –
»Und dennoch

Wahr.« – »Nun machst du mich erst recht lüstern: ich würd'
ihm ein Freund sein,

Näher als einer. Du darfst in der Tat nur wollen; wie du
stehst,

Setzest du mich schon durch. Er ist weich, und weil er das
selbst fühlt,

Läßt er nicht gleich jedweden heran. Auch soll es an gar
nichts

Fehlen; ein Trinkgeld tut's bei den Dienern. Empfängt er
mich heut nicht,

Komm' ich morgen, ich passe die Zeit ab, such' ihn zu treffen,
Zeigt er sich draußen, und bring' ihn nach Haus. Uns Sterbli-
chen fällt ja

Mühlos nichts in den Schoß.« – So schwatzt er noch, sieh da

begegnet

Fuskus Aristius uns, mein Hausfreund, welchem zu gut nur
Jener bekannt. So bleiben wir stehn. Woher und wohin jetzt?
Fragt er und gibt uns Bescheid. Ich zupf' ihn am Mantel, ich
kneip' ihn
Scharf ins Weiche des Arms, umsonst, wie deutlich ich win-
ke,
Wie ich die Augen verdrehe, er soll mich befrein: der Verrä-
ter
Tut, als verständ' er mich nicht und lacht. Ich kochte vor
Ärger.
»Sagtest du nicht, du hättest mit mir ein Geschäft zu bere-
den?
Ganz im Vertrauen?« – »Jawohl, ich besinne mich; aber wir
tun es
Wohl zu gelegnerer Zeit. Hauptsabbat ist heut, und Geschäf-
te,
Spricht der Ebräer, verderben die Luft.« – »Was frag' ich nach
solchem
Aberglauben, Arist?« – »Ich aber, ich habe die Schwachheit,
Darin lauf' ich so mit. Du verzeihst; wir treffen uns sonst
wohl.« –
Ging je schwärzer ein Morgen mir auf? Er entschlüpft mir
und läßt mich
Unter dem Messer, der Schelm. – Da führt mein Stern mir
den Mann her,
Der sich für jenen verbürgt. Und »Wohin, du Abscheuli-
cher?« schreit er
Grimmig ihn an, und zu mir: »Dich nehm' ich als Zeugen!«
Ich biet' ihm
Willig das Ohr[9] . Nun geht's ins Gericht. Dort Streit und
Gezeter,
Lärm und Gedräng' ringsum. So ward mein Retter Apollo.

---

[9] Es war römische Sitte, denjenigen, den man als Zeugen vor Gericht auffordern
wollte, beim Ohr zu fassen. – Der im früheren erwähnte Bolanus war ein seiner
rücksichtslosen Derbheit wegen verrufener Sonderling; Viskus und Varius litera-
rische Freunde des Horaz und selbst Dichter.

Das Glück der Beschränkung.
Satire.

Dies war einst mein sehnlichster Wunsch: ein bescheidenes
Stücklein
Ackers, ein Garten dabei und am Haus' ein lebendiger
Brunnquell,
Etwa dazu noch ein weniges Wald. Nun haben's die Götter
Reicher und besser gefügt; wohl mir! So fleh' ich denn eins
nur,
Daß du mir, Majas Sohn, das Beschiedene gnädig erhaltest,
Wenn ich das Meinige nie unredlich zu mehren getrachtet,
Noch es zu schädigen denke durch Leichtsinn oder Ver-
schwendung,
Wenn mir der törichte Wunsch nie kam: O hätt' ich doch
jenes
Winkelchen dort noch dazu, das jetzt mir die Grenze verun-
ziert,
Oder: O fänd' ich doch auch solch Kistchen mit Gelde wie
Jener,
Der vom gehobenen Schatze das Grundstück, das er um
Taglohn
Früher gepflügt, als Besitzer erwarb, durch Herkules' Gna-
de;
Wenn ich zufrieden genieße, was da ist, höre mich bitten:
Mache die Herde mir fett und das übrige, was ich besitze,
Außer dem Geist, und sei, wie bisher, mein Hüter und Hel-
fer!
Floh ich ins freie Gebirg' aus der Stadt, wo böte sich bess'rer
Stoff für ein schlichtes Gedicht der zu Fuß hinwandelnden
Muse?
Plagt mich doch hier kein höfischer Zwang, kein bleierner
Südwind,
Kein schwülatmender Herbst, der leidigen Schoß für das
Grab heischt. –
Vater der Frühe – vernimmst du es lieber, so grüß' ich dich:
Janus –
Du, mit welchem der Mensch die Geschäft' und Mühen des
Lebens

Nach urewigem Rate beginnt, sei meines Gesanges
Anfang! Zeitig in Rom schon weckst du mich: Auf! du bist
Bürge!
Eile, daß keiner zum Dienst sich beflissener zeige! Ge-
schwinde!
Mag dann draußen der Nord hinfegen oder im düstern
Schneesturm nahen der kürzeste Tag: fort muß ich aufs
Stadthaus.
Hab' ich nun feierlichst dort für den Schaden zu stehn mich
verpflichtet,
Gilt es den Weg im Gewühl zu erkämpfen und tapfer zu
drängen.
»Bist du denn gänzlich von Sinnen?« so schnauzt mich ein
grober Gesell wohl
Unter Verwünschungen an, »du zerbrichst ja den Leuten die
Rippen,
Wenn es dir just einfällt, zu deinem Mäcenas zu laufen.«
Nun, das mundet mir süß, ich gesteh's. Doch komm' ich am
alten
Friedhof zu den Esquilien kaum, so schwirren auch hundert
Fremde Geschäfte bereits um das Haupt mir. »Morgen vor
acht Uhr
Bittet dich Roscius, ihn bei Gericht zu vertreten am Forum.«
»Wegen gemeinen Bescheids in neuer und wichtiger Sache
Lassen die Schreiber, Horaz, an die heutige Sitzung dich
mahnen.«
»Sorge, daß hier auf die Schrift Mäcen sein Siegel mir drü-
cke!«
Sprichst du: »Womöglich,« so heißt's: »O du brauchst nur
zu wollen, so kannst du.«
Tief ins siebente Jahr nun geht's, beinah' in das achte,
Daß Mäcenas zuerst zu den Seinen mich rechnete; freilich
Nur, um auf Reisen einmal mich mitzunehmen im Wagen
Oder bei Muße mit mir leichtwiegende Dinge zu plaudern.
Etwa: Wieviel ist die Uhr? Ficht Syrus so gut wie der Thra-
ker?
Kühl schon weht's in der Früh, man erkältet sich ohne den
Mantel,

Oder was sonst für ein undicht Ohr Harmloses sich eignet.
Seit *der* Zeit hatt' euer Poet tagtäglich und stündlich
Mehr zu leiden vom Neid. Kaum, daß er mit ihm sich im
Schauspiel
Oder im Marsfeld zeigt, brummt ärgerlich alles: Der
Glückspilz!
Strömt nur irgendein Schauergerücht vom Markt in die
Stadt aus,
Gleich hält jeder mich an und fragt: »Sprich, Bester, du
mußt es
Wissen, du bist ja so nahe vertraut mit den waltenden Göt-
tern,
Sage, was ist's mit den Dakern?« – »Ich weiß nichts.« – »Seht
mir den argen
Spötter, er foppt uns doch stets!« – »So strafen mich sämtli-
che Götter,
Ist mir das mindeste kund!« – »Wird Cäsar denn drüben am
Ätna,
Wird in Italien hier er das Land an die Krieger verteilen?« –
Schwör' ich, daß nichts mir bewußt, so schütteln erstaunt sie
die Köpfe
Oder beloben mich gar als einzigen Meister im Schweigen.
Also vergeht mir Ärmstem der Tag, und ich seufze mit
Sehnsucht:
O mein Wald, wann werd' ich dich schaun, wann wird mir
vergönnt sein,
Nun aus Schriften der Alten und nun aus Träumen der Mu-
ße
Süßes Vergessen der Welt und ihrer Beschwerde zu saugen!
O, wann winkt mir die Bohne, Pythagoras' Regel zum Trot-
ze,
Wann der gedünstete Kohl mit Speck mir wieder bei Tische?
O Nachtschmäuse der Götter! Da tafl' ich im Kreise der
Meinen
Fröhlich am eigenen Herd, und ein Volk mutwilliger Skla-
ven
Mach' ich noch satt mit den Resten des Mahls. Ungleich,
nach Belieben,

Mischt sich jeglicher Gast den Pokal, vom Zwange verbohr-
ter
Zechvorschriften befreit, gleichviel, ob er stärkere Becher
Tapfer ertrag', ob er froh schon werde bei schwächeren.
Traulich
Plaudern wir dann, doch nicht von den Hauseinrichtungen
andrer
Oder vom neusten Ballett; nein, was uns näher ans Herz
geht,
Was unentbehrlich zu wissen für uns, das kommt zur Er-
wägung:
Ob ein erhabener Sinn, ob Reichtum echteres Glück sei,
Was uns fester verknüpfe, Bedürfnis oder Charakter,
Oder wodurch sich das Gute bewähr' und das höchste der
Güter.
Nachbar Cervius tischt zur Nutzanwendung dazwischen
Alte Geschichten uns auf. Preist einer Arellius' Schätze,
Der von den Sorgen des Manns nichts weiß, so beginnt er:
Vor Zeiten
Nahm ein Mäuschen einmal vom Land' im bescheidenen
Erdloch
Freundlich die Stadtmaus auf; denn sie waren sich alte Be-
kannte.
Streng haushälterisch sonst mit dem Vorrat, übte sie gern
doch
Heute die gastliche Pflicht und schonte, der Freundin zu
Ehren,
Weder die Erbsen im Schrein noch die länglichen Körner
des Hafers.
Auch ein Rosinlein trug sie im Maule daher und benagte
Würfelchen Specks, mit dem Wunsch, durch Wechsel der
Speise die Eßlust
Jener zu reizen, die kaum ein Gericht anrührte, die Leckre,
Während die Hausfrau selbst, auf heuriger Schütte gelagert,
Spelt nur und Wicke genoß, für den Gast das Gewähltere
sparend.
Endlich begann die Städterin so: »Wie hältst du, Geliebte,
Solch ein Leben nur aus hier draußen am Hange der Wald-

schlucht?
Willst du's nicht lieber einmal mit der Stadt und den Men-
schen versuchen?
Laß dir raten und komm gleich mit! Mit dem Leben auf
Erden
Ist ja für uns doch alles vorbei, und keiner, wie vornehm
Oder gering er auch sei, entgeht der Vernichtung. So lebe
Wenigstens lustig, solang' es vergönnt, und genieße, was
möglich.
Leb' und bedenke, wie flüchtig die Zeit!« – Dies deuchte der
Feldmaus
Triftig gesagt, und sie sprang aus dem Häuslein, fertig zur
Reise.
Rasch nun fördert die Schritte das Paar, um im Schutze des
Dunkels
Unter der Mauer hinein in die Stadt zu schlüpfen. Es stand
schon
Hoch am Himmel die Nacht, da betraten die Wandergefähr-
ten
Trippelnden Fußes ein prächtig Gemach, wo Decken von
Scharlach
Breit um den Tisch her glänzten auf elfenbeinernen Sesseln
Und vom gestrigen Schmaus noch überreichlicher Vorrat
Rings im Silbergeschirr hoch aufgerichtet umherstand.
Als nun die Städterin hier auf purpurnem Kissen die Feld-
maus
Sorglich gebettet, beschickt sie das Mahl als hurtige Wirtin,
Wechselt die Speisen behend, und trotz dem gewandtesten
Kellner
Wartet sie auf und kostet zuvor von jeglicher Schüssel.
Jener behagt die Veränderung wohl, und gemächlich sich
dehnend,
Schmaust sie vergnügt als fröhlicher Gast; da, plötzlich
erschüttert,
Krachen die Flügel der Tür, und vom Pfühl auftaumeln die
beiden.
Angstvoll rennen im Saal sie umher; doch ärgerer Schreck
noch

Schüttelt und tötet sie fast, als Doggengebell die gewölbten
Räume durchhallt. Und die Feldmaus ruft: »Nein, Schwes-
ter, nach solchem
Leben gelüstet mich nicht. Fahr' wohl! Da sitz' ich doch
lieber
Draußen am Wald im sicheren Loch und knuspere Wicken.«

An Albius Tibullus.
Epistel.

Albius, gütiger Freund und Anwalt unsrer Satiren,
Womit denk' ich dich jetzt auf Pedums Fluren beschäftigt?
Schreibst du Gedichte vielleicht, um des Cassius Ruhm zu ver-
dunkeln?
Oder schlenderst du schweigend im Hauch der erquickenden
Waldluft,
Über den hohen Beruf nachsinnend des Guten und Weisen?
Nie ja warst du verlassen vom Geist, und es liehen die Götter
Schönheit dir und reichen Besitz und die Kunst des Genießens.
Was kann Muttergebet noch Größeres flehn für den Liebling,
Wenn er zu leben versteht und was er empfindet zu sagen,
Wenn ihm Gesundheit, Achtung und Ruhm in Fülle beschert
sind,
Und zum reinsten Behagen genug, und noch etwas darüber?
Zwischen Hoffnung und Furcht, in wechselnden Sorgen und
Bangen
Denk an jeglichem Tag, er sei dein letzter, und täglich
Wird dir zum holden Geschenk, die du nicht hofftest, die Stun-
de. –
Mich, Freund, würdest du glänzend und rund antreffen vor
Wohlsein,
Kämst du einmal, um »ein Tier aus dem Stall Epikurs« zu bela-
chen.

An Fuscus Aristius.
Epistel.

Dich, den Verehrer der Stadt, mein Fuscus, grüß' ich von

Herzen,
Selbst ein Verehrer des Lands. Denn in dem einzigen Punkt ja
Sind wir verschiednen Geschmacks, doch im übrigen treulich
verbrüdert,
Zwillinge fast, die stets miteinander dasselbe verneinen
Oder mit Nicken bejahn, wie beisammen gealterte Tauber.
Du nun hütest das Nest, mich locken die Reize des Landes:
Quellengeriesel, bemoostes Geklüft und schattende Wipfel.
Ja, ich empfinde mich erst als Mensch und König, sobald ich
Hinter mir ließ, was ihr mit Gejauchz' in den Himmel empor-
hebt;
Opfergebäck hab' ich satt, wie der Knecht, der dem Priester
davonlief;
Brot ist's, was ich bedarf. Das stillt trotz Kuchen den Hunger.
Wenn du begehrst, dem Gesetz der Natur entsprechend zu
leben
Und beim Bauen zuerst nach der günstigsten Stelle dich um-
siehst:
Kennst du den Ort, der ein traulicher Heim, als das Land, dir
gewährte?
Wo doch wären die Winter so lau? Wo kühlte der Luftzug
Sanfter des Hundssterns Wut und die sengende Nähe des
Löwen,
Wenn er, gestreift von der Sonne Geschoß, wie ein Rasender
anspringt?
Wo auch störte den Schlaf dir minder die neidische Sorge?
Weicht Mosaiken aus libyschem Stein gründuftiger Rasen?
Oder ist reiner die Flut, die sich staut in der Stadt Bleiröhren,
Als die murmelnden Lauts im Gefälle des Baches dahin-
schießt?
Pflanzt man doch künstlichen Wald in den Kranz buntfarbi-
ger Säulen
Oder erwählt sich ein Haus um den Blick in die Ferne der
Landschaft.
Wirf aus der Tür die Natur nur hinaus und sie steigt dir ins
Fenster,
Mit still siegender Kraft die ermüdenden Schnörkel durch-
brechend.

Wer am Wollengewand das verschießende Rot von Aquinum
Mit der gediegenen Pracht des sidonischen Purpurs verwech-
selt,
Wird nicht sichrer dadurch noch empfindlicher Schaden er-
leiden,
Als wer Irriges nicht zu scheiden versteht von dem Wahren.
Wer bei glücklicher Zeit maßlos im Vergnügen sich gehn läßt,
Knickt wie ein Rohr, wenn sie flieht. Unentbehrlich Geschätz-
tem entsagst du
Schwer, so verwöhne dich nicht, und du magst es auch unter
dem Strohdach
Fürsten an wahrem Genuß und Fürstenfreunden zuvortun.
Streitbar pflegte der Hirsch von der Weide, die beiden ge-
mein war,
Stets zu verjagen das Roß, bis dies, des vergeblichen Kampfes
Müde, den Menschen zu Hilfe sich rief und dem Zaum sich
bequemte.
Aber nachdem es das Feld nun trotzig als Sieger behauptet,
Ward es den Zügel nicht los aus dem Maul, noch den Reiter
vom Rücken.
Siehe, so trägt, wer niedrig den Schatz aufopfert der Freiheit,
Weil er die Armut scheut, auf dem Rücken den Herrn und
verdammt sich
Selbst zu ewigem Fron, statt klug mit Geringem zu hausen.
Wer sich nicht einzurichten versteht, dem geht's nach der
Fabel:
Stolpern macht ihn der schlappende Schuh und es drückt ihn
der enge.
Lebe denn froh des beschiedenen Teils, wie dem Weisen es
zukommt,
Fuscus, und lies mir den Text zur Erwiderung, dünkt es dir
jemals,
Daß ich mehr als genug aufhäuf' und ein Ende nicht finde.
Denn das gesammelte Gold wird Knecht uns oder Gebieter;
Richtiger freilich gehorcht es dem Zaum, als daß es ihn
handhabt.
Dies diktiert' ich für dich am zerfallenden Tempel Vacunas,
Dich zu missen betrübt, im übrigen fröhlichen Mutes.

Wenn bei Tafel ein Sitz dir genügt aus Archias' Werkstatt
Und du mit Hausmannskost von bescheidener Schüssel vorlieb
nimmst,
Hoff' ich dich bei mir zu sehn mit sinkender Sonne, Torquatus.
Weine vom anderen Jahre des Taurus werden wir trinken,
Zwischen Minturnäs Sümpfen verzapft und der Burg Sinues-
sas.
Wenn du Erlesneres hast, bring's mit; sonst füg' in die Wahl
dich.
Blank schon funkelt mir Herd und Hausrat, deiner gewärtig.
Komm denn und laß die Gedanken daheim an den Streit um
die Erbschaft
Und an Moschus' Prozeß! Ist uns morgen an Cäsars Geburts-
fest
Gründlich doch ausschlafen vergönnt, und wir dürfen die
warme
Köstliche Nacht sorglos hindehnen mit trauten Gesprächen.
Wozu soll mir ein Gut, des freier Genuß mir versagt ist?
Wer für die Erben nur spart und sich selbst nichts gönnet zum
Wohlsein,
Deucht mir dem Wahnsinn nah. Nein, Blumen zu streun und
zu trinken
Bin ich gelaunt, und mögt ihr darum leichtfertig mich schelten.
Was vollbrachte der Rausch nicht schon? Das Geheimnis ent-
hüllt er;
Hoffnungen sieht er erfüllt; in die Feldschlacht treibt er den
Feigling,
Nimmt vom bekümmerten Herzen die Last und begeistert den
Künstler.
Wem nicht löste der volle Pokal schon plötzlich die Lippen?
Wen nicht ließ er befreit aufatmen vom Drucke der Armut?
Dies auch soll nach Gebühr und mit willigstem Eifer beschickt
sein,
Daß kein schmutzig Gedeck, kein schäbig gewordener Teppich
Dein Mißfallen erweck' und du rings in Schüssel und Kanne
Ganz wie im Spiegel dich schaust, daß keiner im traulichen

Kreise
Sei, der Gesprochenes weiter verschwatzt, und den passenden
Nachbar
Jeglicher finde bei Tisch. Den Septicius triffst du, den Butra
Samt dem Sabin, falls diesen ein früherer Schmaus und ein
Liebchen
Fest nicht hält. Auch wäre noch Platz für etliche Schatten,
Wenn du den Dunst nicht scheust bei allzu gedrängter Gesell-
schaft.
Schreib nur, wieviel Mitgäste du willst! Und dem Staube der
Akten,
Wenn der Klient dir die Türe bewacht, entschlüpfe nach hin-
ten.

An Mäcenas.
Epistel.

Glaubst du dem alten Kratin, schriftkundiger Gönner
Mäcenas,
Wird niemals ein Gedicht auf die Dauer bestehn und gefallen,
Das beim Wasser erdacht. Seitdem zu den Faunen und Satyrn
Seines Gefolgs Gott Bacchus die schwärmenden Dichter ge-
sellte,
Pflegen die Musen von Wein schon früh zu duften am Tage.
Als Weinzecher erweist sich im Lobe des Weines Homerus;
Vater Ennius auch hub stets nur trunkenen Muts an,
Waffen zu singen. »Den Markt und die Börs' am Gehege des
Libo
Räum' ich den Nüchternen ein; nur singe mir keiner der Bie-
dern!«
Kaum, daß ich also gescherzt, so begannen im Nu die Poeten,
Nachts um die Wette zu zechen und tags Weindünste zu gäh-
nen,
Gleich, als wär' es genug, wenn einer verwildert und barfuß,
Finsteren Blicks und im bäurischen Rock nacháffte den Cato,
Um schon Cato zu sein an Tugenden auch und Gesinnung.
Weil des Jarbas Sproß, um als modischer Redner zu glänzen,
Lauter zu donnern versucht' als Timagenes, barst er. Ein Vor-

bild,
Das in den Fehlern bequem sich nachahmt, führt in die Irre.
Säh' ich einmal blaß aus, was gilt's, gleich tränken sie Essig.
O Nachahmergeschlecht, armselige Herde, wie oft schon
Hat dein Lärm mir die Galle geweckt und wie oft das Geläch-
ter!
Doch *ich* prägte die bahnende Spur in ein neues Gebiet ein,
Das vor mir kein Fuß noch betrat. Wer kühn sich vertraun
darf,
Lenkt als Führer den Schwarm. Ich habe zuerst den Latinern
Parische Jamben gezeigt, an Archilochus' Rhythmus und Geist
mich
Haltend, doch nicht an den Stoff und die Worte zum Hohn
des Lykambes.
Und nicht schmälere mir deswegen die Ehre des Kranzes,
Weil ich mich scheute, den Takt und des Versbaus Kunst zu
verändern.
Greift nach Archilochus' Maß doch im Liede die männliche
Sappho,
Greift doch Alcäus danach; nur, anders in Stimmung und
Inhalt,
Wählt er sich weder zum Ziel schwarzgalliger Strophen den
Schwäher,
Noch auch dreht er den Strick für die Braut aus kränkenden
Liedern.
Diesen, an den sich gewagt kein Früherer, führt' ich den Rö-
mern
Vor im Latinergesang. Und mich freut's, die eroberten Gaben
Heut' von den Besten gelesen zu sehn und in Händen gehal-
ten. –
Fragst du mich aber, warum mein Lied mißgünstig so man-
cher
Zwar im geheimen verschlingt, doch öffentlich schmäht und
herabsetzt?
Niemals konnt' ich die Gunst mir erkaufen des launischen
Pöbels
Durch ein gebotenes Mahl und ein abgelegtes Gewandstück,
Nie – von den edelsten Meistern geehrt als Hörer und Anwalt

–
Unserer kritischen Zunft schöntun um ein gnädiges Urteil.
Daher jener Verdruß! – »Unwürdiges möcht' ich im vollen
Saal nicht lesen und flüchtigen Scherz nicht bieten mit An-
spruch.«
Wehr' ich mich so, gleich heißt's: »Ei freilich! Für Jupiters Oh-
ren
Sparst du es auf; du triefst ja allein von poetischem Honig,
Einzig für dich nur schön.« – Hierüber empfindlich zu wer-
den,
Hüt' ich mich wohl und, die spitzigen Klaun des Gereizten zu
meiden,
Ruf' ich: Es will mir der Ort nicht passen; ein anderes Mal
denn! –
Loses Gestichel erzeugt ja so leicht Wortwechsel und Jähzorn,
Jähzorn aber erbitterten Kampf und tödliche Feindschaft.

An sein Buch.

Nach Vertumnus und Janus, o Büchlein, schielst du und möch-
test
Glatt und sauber bereits bei den Sosiern prangen im Laden[10] .
Riegel und Schloß, dem Bescheidnen erwünscht, du trägst sie
mit Unmut,
Jammerst, daß dich so wenige schaun, und rühmst dir das
Weite.
Anders erzog ich dich zwar, doch geh, wohinaus dich gelüstet.
Ließ ich dich fort, nie kehrst du zurück. »Ich Ärmster, was tat
ich!«
»Wollt' ich denn das?« so wirst du verletzt dann klagen, und
weißt doch,
Wie dich der »freundliche Leser« beiseit' wirft, wenn er genug
hat.
Gleichwohl – trübt mir nicht Ärger um dich die prophetische

---

[10] In der Tuskischen Straße zu Rom, unweit vom Durchgange des Janus und der
Bildsäule des Vertumnus, lag neben andern Kaufläden auch das bekannte Buch-
händlergewölbe der Sosischen Brüder, der Verleger des Horaz.

Sehkraft –
Wirst du gefallen in Rom, bis der Neuheit Reiz dir entschwunden;
Aber, zerlesen darauf und beschmutzt von den Händen des Volkes,
Dienst du verstummt für die Motten zum Fraß! Vielleicht ins Exil auch
Magst du nach Utika gehn und, geschnürt wie ein Sklav', nach Ilerda.
Lachen werd' ich alsdann, wo umsonst ich warnte, wie jener,
Welcher im Zorn den verstockt an den Rand hindrängenden Esel
Selbst in den Abgrund stieß. Wer mag Unwollende retten?
Dies auch wartet noch dein: im Mund schwerlesender Knaben
Kommt in den Vorstadtschulen zuletzt dir das Stammeln des Alters.
Wenn dir ein lieblicher Tag dann einst mehr Hörer versammelt,
Magst du erzählen, wie ich, des Freigelassenen Enkel,
Arm von Geburt, aus niederem Nest hochauf mich geschwungen,
Was an Geschlecht mir gebrach, durch die Kraft des Talentes ersetzend;
Wie ich, den Besten zu Rom in Krieg und Frieden befreundet,
Mäßig von Wuchs, früh grau, wie ein Kind stets fröhlich der Sonne,
Rasch auflodernd im Zorn, doch leicht zu versöhnen gewesen.
Fragt dann einer vielleicht, wie hoch ich im Alter, so wiss' er,
Daß ich zum vierundvierzigstenmal den Dezember erlebte,
Als sich im Konsulamt mit dem Lollius Lepidus paarte.

Drittes Buch.
Fünfzig Oden des Horaz.

An die Römer.

Wohin, wohin, ihr Rasenden? Warum liegt die Faust
    Schon wieder euch am Heft des Schwerts?
Sind Land und Meer denn immer noch zur Gnüge nicht
    Gesättigt mit Latinerblut?
Nicht zu verbrennen gilt es jetzt Karthagos Burg,
    Der stolzen Nebenbuhlerin,
Noch wilde Briten kettenschwer aufs Kapitol
    Dahinzuführen im Triumph.
Nein, fallen soll, zur Lust dem Parther, diese Stadt
    Selbstmörderisch durch eigne Hand.
So würden Wölfe nimmer hausen oder Leun,
    Nur fremde Brut zerreißen sie.
Euch aber, reißt euch blinde Wut, reißt Götterzorn,
    Reißt Schuld euch hin? Gebt Rechenschaft!
Ihr schweigt und werdet totenbleich und starrt mich an,
    Entsetzen lähmt euch, weil ich's traf.
So ist's: ein furchtbar Schicksal treibt die Römer um,
    Der finstre Geist des Brudermords,
Seit Remus' Blut, schuldlos vergossen, diesen Grund
    Zum Fluch den Enkeln rot gefärbt.

Während der Bürgerkriege.

Schon ins zweite Geschlecht fortwütet die Fehde der Bürger
    Und Rom erliegt verblutend unter Römerhand.
Sie, die nimmer zu stürzen vermocht der Marsische Nachbar,
    Noch Porsenas anstürmendes Etruskerheer,
Die nicht Capuas mächtiger Neid, nicht Spartacus' Tatkraft,
    Nicht allobrogischer Hochverrat zu Boden zwang,
Selbst Germania nicht mit der Kraft blauäugiger Jugend,
    Noch unsrer Väter grauses Schreckbild, Hannibal,
Uns, dem unsel'gen Geschlecht aus sündigem Samen, erliegt sie,
    Und schweifend Wild wird hausen wieder, wo sie stand.
Wehe, da pflanzt in den Schutt der Barbar sein Banner des Sieges,
    Sein Reiter stampft mit schwerem Huf die Trümmerstadt,
Und des Quirinus Gebein, aus heiligem Dunkel gerissen –
    Fluchwürd'ger Anblick! – streut umher sein Übermut.
Aber erwägt ihr bereits, in Gemeinschaft oder die Edlern,
    Was solche Not von unserm Haupte wenden mag,
O so vereint euch zu diesem Beschluß. Gleichwie der Phöcäer
    Mit Fluch beladne Bürgerschaft einst flüchtete
Und die Äcker daheim und die Götter des Herds und die Tempel
    Den Ebern preisgab und dem reißenden Wolfsgeschlecht,
So zu wandern, wohin uns der Fuß trägt, oder der Süd uns,
    Der Sturm aus Westen brausend übers Meer entführt.
Wollt ihr? Oder ersann euch Beßres ein andrer? – Wohlan denn!
    Zu Schiff! Was säumt ihr? Günstig ist der Zeichen Stand.
Tragt ihr ein männliches Herz in der Brust, so beschwichtet die Klage
    Und laßt im Flug Etruriens Küsten hinter euch,
Bis uns der Ozean wiegt, der die Fluren umgürtet, die Fluren
    Glücksel'ger Inseln, unsrer Sehnsucht reiches Ziel,
Wo pfluglos der gesegnete Grund alljährige Frucht bringt
    Und unbeschnitten fort und fort die Rebe blüht,

Wo stets lohnend der Sproß ansetzt am Zweige des Ölbaums,
    Der Feige Purpur üppig stets im Laube prangt,
Honig geborstenen Eichen entträuft und von den Gebirgs-
höhn
    Die Rieselquelle silberfüßig niedertanzt.
Ohne Geheiß tritt dort an der Melkerin Eimer die Ziege,
    Mit vollem Euter traulich naht das Mutterschaf;
Niemals schädigen Seuchen das Vieh, da keines Gestirnes
    Erbarmungsloser Feuerblick die Herden sengt.
Auch kein brummender Bär umschleicht, wenn es dunkelt,
die Hürden,
    Noch bläht vom Boden plötzlich sich die Natter auf.
Wunder erblicken wir Glücklichen rings, wo nimmer die Flu-
ren
    Mit schweren Güssen feuchter Ostwind niederschwemmt,
Noch in glühender Scholle des Saatkorns Triebe verdursten,
    Denn beides, Glut und Nässe, dämpft der Götterfürst.
Dorthin steuerte nicht mit fichtenem Ruder die Argo,
    Medea nicht, die Buhlerin, betrat den Strand,
Nie auch wandten die Segel dahin sidonische Schiffer,
    Noch selbst Ulysses' vielgeprüfte Freundesschar.
Für ein frommes Geschlecht schied Jupiter dieses Gestad aus,
    Als er zuerst die goldne Zeit mit Erz verdarb,
Dann zu Eisen aus Erz sie verhärtete; doch der Gerechte
    Mag, so verkünd' ich, glücklich ihrem Fluch entgehn.

An Pyrrha.

Welcher zärtliche Freund darf auf dem Rosenbett
Ganz von Düften berauscht heut in der dämmernden Grotte,
    Pyrrha, dich küssen?
  Für wen trägst du das blonde Haar

Einfach zierlich geschürzt? Ach, er wird allzubald
Weinen, daß ihn das Glück, daß ihn die Treue floh,
    Und mit Schrecken die heitre
  See vom Sturme gedunkelt schaun.

Wer, in goldenen Traum schmeichlerisch eingewiegt,
Stets von dir sich geliebt, einzig geliebt sich wähnt,
    Nicht die Laune des Fahrwinds
  Kennt er. Weh den Unseligen,

Die dein trüglicher Glanz lockte! Von mir bezeugt
Dort am Tempel die Schrift, daß der Gerettete
    Seine triefenden Kleider
  Dankbar weihte dem Meeresgott.

An Thaliarchus.

Du siehst, wie hochbeschneit der Soracte dort
Erglänzt, wie seufzend unter der Last sich kaum
    Der Wald emporhält und vom scharfen
      Hauche die Ströme zu Eis gefroren.

Dem Frost zur Abwehr über dem Herd empor
Schicht Holz auf Holz! Freigebiger auch, o Freund,
    Kredenz uns vom vierjähr'gen Weine
      Aus dem sabinischen Henkelkruge.

Anheim den Göttern stelle das übrige!
Sobald die meeraufwühlenden Stürme sie
    Beschwichtigt, regt der alten Eschen,
      Regt der Zypresse Gezweig' sich nimmer.

Was morgen sein wird, forsche du nicht. Gewinn
Sei jeder Tag dir, welchen das Glück beschert,
    Und nicht die süße Lieb', o Knabe,
      Oder den festlichen Reihn verachte,

Solang' du blühst und greise Verdrießlichkeit
Dir ferne blieb. Ringschulen und Waffenspiel
    Und um die Dämmrung hold Geflüster
      Suche du jetzt zur besprochenen Stunde;

Jetzt schalkhaft Lachen, das dich den heimlichen
Versteck des Mädchens lieblich erraten läßt,
    Und Pfänder, ihrem Arm entwunden,
      Oder dem Finger, der wehrend nachgibt.

An M. Vipsanius Agrippa.

Dich, Bezwinger des Feinds, tapfrer, verherrliche
In homerischem Flug Varius' Heldenlied,
Wie dein Heer du zu Schiff oder im Reiterkampf
    Zu glorwürdigem Sieg geführt.

Mir, Agrippa, gelingt nimmer so Mächtiges;
Nie den Zorn des Achill säng' ich, des ehernen,
Nie die Fahrten des listsinnenden Ithakers,
    Noch die Greuel in Pelops' Haus.

Für Erhabnes zu schwach, warnt mich die schüchterne
Muse, welcher der Ton kriegrischer Saiten fremd,
Cäsars strahlenden Ruhm nicht und den deinigen
    Durch Gestümper herabzuziehn.

Wer auch führte den Mars im diamantenen
Harnisch würdig uns vor? Wer den Meriones
Schwarz von troischem Staub oder in Götterkraft
    Pallas' Schützling, des Tydeus Sohn?

Nur Gastmähler und heißblütiger Mädchen Kampf,
Wenn ihr Nagel gestutzt kühnem Getändel wehrt,
Sing' ich, heute noch frei, morgen in Flammen schon,
    Meiner leichten Natur getreu.

An Tyndaris.

Oft schweift zum waldumrauschten Lucretilis[11]
Der muntre Faun von seines Lycäus Höhn
    Und hält von meiner Trift des Sommers
    Gluten zurück und die Regenwinde.

Harmlos zerstreut im sicheren Hage nascht
An Laubgesproß und duftendem Thymus hier
    Der Ziegen bärt'ge Schar und fürchtet
    Weder den Wolf des Hädilerberges,

Noch auch der grün sich ringelnden Schlange Brut,
Solang' vom Waldrohr lieblich, o Tyndaris,
    Das Tal entlang die echoreichen
    Felsen des schrägen Ustica hallen.

Im Schutz der Götter wohn' ich, die Götter sind
Dem frommen Dichter hold; es umschwillt dich hier,
    Aus mildem Füllhorn unermeßlich
    Strömend, der Blumen und Früchte Segen.

Hier magst du tief im Schatten des Tals der Glut
Des Hundsgestirns entfliehn und Penelopes
    Und Circes Schwermut, ach, um *einen*
    Helden, zu Teïscher Laute singen,

Hier leichte Becher rosigen Lesbiers
Im Kühlen schlürfen. Nimmer verwirren sich
    Hier Mars und Bacchus in erhitzten
    Kämpfen, und nimmer zu fürchten brauchst du,

Daß Cyrus, blind von rasender Eifersucht,
An dir, dem schwächern Mädchen, sich frevelhaft
    Vergreif' und dir den Kranz im duft'gen
    Haar und das keusche Gewand zerreiße.

---

[11] Der Lycäus ist ein Berg in Arkadien; Lucretilis, Hädilia und Ustica sind Anhöhen des Sabinergebirges.

Neue Liebe.

Weckst du, Göttin, der Leidenschaft
Wilde Mutter, und du, Knabe der Semele,
Und du, lüsterner Übermut,
Längst verschworne Glut wieder im Herzen mir?
Stets an Glyceras schimmernden
Nacken denk' ich, vor dem parischer Marmor weicht,
An ihr reizend verwegnes Spiel
Und den trunkenen, feucht schwimmenden Wonneblick.
Ihrer Insel vergessend, fällt
Dann mit ganzer Gewalt Venus mich an und läßt
Mich nicht Scythen, noch flüchtiger
Partherreiter Geschoß singen, noch andres sonst.
Bringt denn duftigen Rasen mir,
Heil'ge Kräuter mir her, Knaben, und Räucherwerk,
Auch die Schale mit Firnem reicht!
Wenn das Opfer gebracht, wird sie gelinder sein.

An Chloe.

Warum fliehst du mich, Kind, scheu wie das junge Reh,
Das im wilden Gebirg' nach der geängsteten
    Mutter sucht und in eitler
  Furcht vor jeglichem Hauch erschrickt?

Gehn durchs zitternde Laub nur des erwachenden
Frühlings Schauer dahin, raschelt im Brombeerstrauch
    Nur die grüne Lacerte,
  Gleich erbeben ihm Herz und Knie.

Doch ich folge ja nicht wie ein Gätulerleu,
Wie ein Tiger dir nach, der dich zerreißen will;
    Laß denn, laß von der Mutter
  Endlich, da du zur Liebe reif!

An Iccius.

Dich locken, Freund, die Schätze der Araber,
Und ernsten Kriegszug, Iccius, rüstest du
    Sabäas nie zuvor besiegten
Königen, ja, für den Meder schmiedest

Du Fesseln schon? Welch schönes Barbarenkind
Bedient dich künftig, dem der Verlobte fiel?
    Welch schmucker Edelknabe soll dir
Duftenden Haars den Pokal kredenzen,

Der einst vom Vaterbogen den Sererpfeil
Ins Schwarze schoß? – Nun sage mir einer noch,
    Es könne nie bergan der Sturzbach
Oder zur Quelle der Tiber strömen,

Da du den schwer erworbenen Bücherschatz,
Der Stoa Schriften und der Sokratiker,
    Dir selber treulos, willig hingibst
Für ein iberisches Panzerhemde.

An Virgilius.

O, wie wüßte von Scham oder von Maß der Schmerz
Um solch teueres Haupt! Hilf, o Melpomene,
Hilf mir klagen du selbst, der das erschütternde
    Lied zur Harfe der Vater gab.

Also unser Quintil schlummert den Todesschlaf?
Wann wird stilles Verdienst, wann die Gerechtigkeit,
Reinster Treue vermählt, jeglicher Lüge fremd,
    Seinesgleichen auf Erden sehn!

Mancher Edle beweint heiß den Entrissenen,
Heißer keiner als du, trauter Virgilius;
Ach, dein frommes Gelübd', das von den Himmlischen
    Andres bat, es erweckt ihn nicht.

Ob noch süßer, als einst Orpheus, der Thrazier,
Du den horchenden Wald locktest mit Saitenspiel:
Nie kehrt warmes Geblüt wieder dem Schattenbild,
    Das mit winkendem Stab einmal

Taub für jedes Gebet wider des Schicksals Schluß
Seiner stygischen Schar Hermes hinzugesellt.
Hart ist's. Lern in Geduld männlich ertragen, Freund,
    Was zu ändern ein Gott verwehrt.

An Aristius Fuscus.

Wer in Unschuld wandelt und rein von Frevel,
Der bedarf nicht Maurengeschoß und Bogen,
Noch geschwellt von giftigen Pfeilen, Fuscus,
    Braucht er den Köcher,

Mög' er durch umbrandete Syrten, mög' er
Durchs Geklipp kaukasischer Wildnis schweifen,
Oder wo durch Märchengebiet den Flutschwall
    Wälzt der Hydaspes.

Denn es floh mich jüngst im Sabinerwalde,
Als ich sorglos Lalagen sang und singend
Weit vom Pfad abschweifte, den Unbewehrten
    Floh der Gebirgswolf;

Solch Getüm, wie's nimmer des kriegsgewohnten
Daunerlands Steineichengeklüft beherbergt,
Noch des Juba Wüste gezeugt, der Löwen
    Sengende Heimat.

Führt mich hin, wo über erstarrten Fluren
Nie ein Baum aufschauert im Hauch des Frühlings,
Wo die Welt mit ewigem Nebel traurig
    Jupiter zudeckt,

Oder wo, dicht unter dem Sonnenwagen,
Uns versagt ist, Hütten zu bauen: immer
Werd' ich dich, süßlächelnde, süßberedte
    Lalage, lieben.

An Apollo.

Was fleht zuerst der Sänger im Heiligtum Apolls?
Was heischt er, wenn er den Opferwein
    Ihm feiernd ausgießt! Nicht die reiche
  Frucht von Sardiniens Segensfluren,

Nicht Herden, wie das heiße Kalabrien
Sie nährt, nicht Gold noch indisches Elfenbein,
    Landgüter nicht, an denen spiegelnd
  Liris, der schweigende Strom, dahinwallt.

Kalenertrauben keltere froh, für wen
Das Glück sie blühn ließ. Möge der Handelsherr
    Aus tiefem Goldkelch Weine schlürfen,
  Die er um syrisches Gut erworben,

Der Götter Schützling, weil er im Jahreslauf
Dreimal und viermal glücklich den Ozean
    Durchsteuert; mir genügt des Ölzweigs
  Beere zum Mahl und die leichte Malve.

Doch gib, o Phöbus, daß ich gesund an Leib
Und Geist genieße, was du beschieden hast,
    Und daß ich kein unrühmlich Alter
  Leb', und die Zither getreu mir bleibe.

An die Laute.

Wenn du je bei müßigem Spiel im Schatten
Mir getönt, was Jahre vielleicht noch fortlebt,
Heute gilt's, auf, laß ein lateinisch Lied mir
      Glücken, o Laute,

Du zuerst vom Helden geweckt aus Lesbos,
Welcher schlachtfroh mitten im Kampfgetümmel
Oder wenn am feuchten Gestad sein leckes
      Schiff er geborgen,

Doch den Weingott sang und den Chor der Musen
Und in Venus' Arme den Flügelknaben
Oder Lycus' dunkles Gelock und dunkel
      Strahlendes Auge.

Die du, Phöbus' Zierde, das Mahl des höchsten
Zeus verschönst und jegliches Leid beschwichtest,
Sei mir hold, o Leier, so oft zum Lied ich
      Festlich dich rufe.

An Albius Tibullus.

Sei, mein Albius, nicht ewig des Harms gedenk,
Den dir Glycera schuf, noch in elegischer
Klage singe dich müd, weil dich ein Jüngerer
    Ausstach bei der Verräterin.

Auch Lycóris, wiewohl reizend an Stirn und Braun,
Glüht für Cyrus umsonst, Cyrus hat Pholoën,
Die sein spottet, erwählt, doch dem apulischen
    Wolf paart eher das Reh sich wohl,

Eh' sein wildes Bemühn Pholoës Gunst erringt.
Das ist Cyprias Lust, die von Gestalt und Sinn
Ungleichartiges gern unter das Joch von Erz
    Grausam scherzend zusammenzwingt.

Mich selbst, dem das Geschick edlere Liebe bot,
Hielt im reizenden Netz Myrtale fest umgarnt,
Sklavin einst und im Zorn wild, wie die Hadria,
    Die Kalabriens Buchten wühlt.

An die Fortuna von Antium.

O, die du thronst im lieblichen Antium
Und bald aus tiefstem Jammer den Sterblichen
    Aufrichtest, bald in Todestrauer
      Stolzer Triumphe Gepräng verwandelst,

Dich ruft der arme Pflüger des Ackerfelds
Mit bangem Flehn an, dich, die Beherrscherin
    Des Meers, wer auf Bithynerschiffen
      Durch die karpathische Woge steuert.

Der Daker scheut, der wandernde Scythe dich,
Und Stadt und Volk und Latiums Kriegerstamm;
    Des wilden Ostlands Königsmütter
      Zittern vor dir und die Purpurträger,

Daß ihrer Herrschaft Säule vom Fußgestell
Dein Tritt nicht stürz', und wachsender Pöbelschwarm
    In Waffen nicht das Land, in Waffen
      Fürchterlich ruf' und das Joch zerbreche.

Dir wallt voran die grause Notwendigkeit,
Die ries'ge Balkennägel in eh'rner Hand
    Und Keile trägt, nicht fehlt die mächt'ge
      Klammer, das flüssige Blei zum Werk ihr.

Die Hoffnung dient dir, dir im Vestalenkleid
Die Treue selbst; nur selten verläßt sie dich,
    Wenn feindlich du die Farbe wechselnd,
      Fürstlichen Häusern den Rücken wendest.

Falsch ist und feig der Pöbel, die Buhlerin
Vergißt des Eidschwurs, selbst der Genossen Schwarm
    Zerstiebt, sobald der Krug geleert ist,
      Klüglich des Freundes Geschick vermeidend.

O schirme Cäsarn, der zu den äußersten
Britannern auszieht, schirme der Jünglinge
    Erles'ne Kriegsschar, die des Aufgangs
      Reiche bedroht bis ans Rote Meer hin.

Der Greuel endlich sei's und des Brudermords
Genug. Wovor, ach, schreckten wir Söhne noch
    Stahlharter Zeit zurück? Was blieb uns Heilig?
  Was tastete nicht der Jugend

Ruchlose Hand an? Welchen Altar besteckt
Nicht Blut? O komm denn, unser entweihtes Schwert
    Auf reinem Amboß umzuschmieden
  Wider Sabäer und Massageten.

Kleopatra.

Nun laßt uns trinken, nun mit beschwingtem Fuß
Den Reigen stampfen! Endlich erschien der Tag,
    Den Herd der Götter, Freunde, festlich
    Mit Saliarischem Mahl zu schmücken.

Versünd'gung war's bis heute, zum alternden
Festwein zu greifen, als noch die Königin
    Dem Kapitol vermeßnen Umsturz
    Sann und Verderben der Römerherrschaft,

Sie selbst und ihr bartloser Eunuchenschwarm
Vom Traum betört wahnsinniger Hoffnungen
    Und blindberauscht von Glück und Wollust;
    Aber den rasenden Taumel scheucht' ihr

Von Schiff zu Schiff sich wälzend der Flotte Brand,
Und ihr vom Nilwein schwärmender Geist erbebt'
    Im Schreck ernüchtert, als ihr Cäsar,
    Wie sie von Aetiums Strand dahinflog,

Nachsetzt' auf Ruderschwingen, dem Habicht gleich,
Der bange Tauben, oder dem Jägersmann,
    Der Hasen scheucht im Thraker Schneefeld –
    Ketten zur Hand für das Weib des Unheils.

Doch sie, die würdevoller zu sterben sinnt,
Erbleicht nicht weibisch vor dem gezückten Schwert,
    Noch sucht sie mit beschwingten Segeln
    Fern im verborgenen Hafen Rettung.

Nein, lächelnd auf die Trümmer der Königsburg
Voll Ruhe blickt sie, setzt mit verwegner Hand
    Die grausen Schlangen an und läßt sich
    Tödliches Gift in die Adern strömen.

So trotzt, zum Tod entschlossen, sie kühner nur
Und gönnt es nicht der rohen Liburnerschar,
    Entthront im stolzen Siegestriumphe
    Sie, die Erlauchte, dahinzuführen.

An Asinius Pollio[12] .

Die Bürgerunruhn seit des Metellus Zeit,
Des Krieges Ursprung, Fehler und Wechselgang,
    Das Spiel des Glücks, der Fürstenbünde
      Schwere Verwicklungen und die Waffen,

Von ungesühntem Blute noch heut gefärbt,
Gedenkst in kühngewagter Behandlung du
    Zu schildern, durch verhohlnes Feuer
      Schreitend, das unter der Asche fortglimmt.

Mag denn ein Weilchen immer Melpomene
Die Bühne meiden! Wenn du die Schickungen
    Des Staats erzählt hast, trägt zum hohen
      Ziel der Kothurn von Athen dich wieder,

Der du ein Hort hilfsuchenden Freunden bist,
Ein Hort im Rat der Väter, o Pollio,
    Des Haupt mit ew'gem Ruhm der Lorbeer
      Kränzt des dalmatischen Siegstriumphes.

Schon dringt von fern dumpfdröhnender Hörnerschall
Mir an das Ohr, schon schmettert Drommetenton,
    Schon blendet Waffenglanz die schreckhaft
      Flüchtigen Ross' und den Blick der Reiter.

Und jetzt, geschwärzt vom Staube der Siegesschlacht,
Die hohen Feldherrn seh' ich vorüberziehn
    Und rings den Erdkreis unterworfen
      Bis auf die trotzige Seele Catos.

Denn Juno selbst und wer von des Afrerlands
Schutzgöttern sonst straflos vom entweihten Herd
    Verdrängt ward, sühnte, seiner Mörder

---

12 Cajus Asinius Pollio, der Freund Virgils, als Staatsmann, Feldherr, Tragödien-
dichter und Historiker bekannt, war auch einer der ersten Gönner des Horaz.
Einen Teil seines Geschichtswerkes bildete die Darstellung des Krieges in Afrika,
wo in der mörderischen Schlacht bei Thapsus zehntausend Pompejaner fielen,
die der Dichter hier als Totenopfer für Jugurtha bezeichnet. Infolge jener Nieder-
lage tötete Cato sich selbst.

Enkel ihm opfernd, Jugurthas Schatten.

Welch Feld bezeugt nicht, satt von Latinerblut,
Mit seinen Gräbern frevelnder Schlachten Greul,
    Nicht, ach, den fernhin bis zum Euphrat
      Alles erschütternden Sturz des Westreichs?

Wo schaut' ein Strom, ein Strudel die Schrecken nicht
Des Jammerkriegs? An welchem Gestade raucht
    Nicht unser Blut? Wo ward ein Meer nicht
      Rot vom italischen Brudermorde?

Doch länger nicht um Ceïscher Nenien[13]
Gesang vergiß, o Muse, des heitren Spiels!
    Hier an Dianas Schattengrotte
      Stimme zu sanfterem Lied die Saiten!

---

[13] Die Genien oder Totenklagen des Simonides von Ceos waren im Altertum besonders berühmt. Das Bruchstück eines solchen Trauergesangs haben wir oben mitgeteilt.

An Dellius.

Mit ruh'gem Gleichmut wappne die Seele dir
Am Tag des Unheils, aber am glücklichen
    Den ausgelaßnen Rausch der Lust auch
      Mäßige, Dellius. Denn du stirbst einst,

Ob stets in Sorg' und Qual du dahingelebt,
Ob fern vom Weltlärm, müßig ins Gras gestreckt,
    In ew'gem Festtag du die Stunden
      Heiter verschwärmt beim Falernerausbruch.

Wo ihr Gezweig hochstämmige Pinien
Und Silberpappeln wirtlich zum Schattendach
    Zusammenwölben und im Sturzbach
      Blinkend die flüchtige Well' herabschießt,

Dort laß dir Wein hinschaffen und Nardenduft,
Und eh' sie welken, kränze mit Rosen dich,
    Solang' es Glückstand noch und Alter
      Dir und der Parze Gespinst verstatten.

Du mußt die Forsten, die du zusammenkaufst,
Mußt Haus und Gartenhallen am Tiberstrand
    Zu bald nur räumen, und die Schätze,
      Die du gespeichert, verpraßt ein Erbe.

Sei reich und stamm aus Inachus' Königsblut,
Sei arm und hab', im niedersten Volk erzeugt,
    Kein Dach, als nur den Himmel: gleich ist's,
      Nimmer entrinnst du dem strengen Orkus.

Dort winkt das Ziel uns allen, uns allen springt,
Der Urn' entschüttelt, jedem zu seiner Zeit,
    Das Los hervor und heischt zum Kahn uns,
      Der die für ewig Verbannten aufnimmt.

An Septimius.

Der du gern, Septimius, mir bis Gades
Folgtest, zu Kantabriens wilden Stämmen,
Ja, zur stets vom afrischen Meer umschäumten
    Klippe der Syrien,

O daß einst, argëischer Männer Pflanzstadt,
Tibur mir im Alter die Stätte gönnte,
Wo vom Sturm, Irrfahrten und Krieg der müde
    Wanderer ausruht!

Doch verwehrt mir strenge den Wunsch die Parze:
Laß zur Lieblingstrift der bevließten Herden,
Zum Galäsusstrome mich ziehn ins Reich des
    Sparters Phalantus[14] .

Freundlich lacht vor allen mir dieses Fleckchen
Erde zu, wo selbst den Hymettuswaben
Nicht der Honig weicht und das Öl Venafrums
    Beere verdunkelt.

Wo den Frühling länger und lau den Winter
Zeus beschert und göttergesegnet Aulons
Reiche Weinflur keiner Falernertraube
    Feuer beneidet.

Dorthin ruft, zu jenen beglückten Höhen
Unser Stern uns beide; den Zoll der Tränen
Weihst du dort einst deines geliebten Sängers
    Glimmender Asche.

---

[14] Das Reich des Sparters Phalantus ist das von lakonischem Auswanderern gegründete Tarent.

An Pompejus Varus.

O, der du oft des Todes Gefahr mit mir
Geteilt, als Brutus unserem Heer gebot,
    Wer gab dich nun den Heimatsgöttern
    Friedlich zurück und dem Himmel Romas?

Pompejus, Freund aus trautester Jugendzeit,
Mit dem so gern den zögernden Tag ich einst
    Beim Wein verschwärmt, die kranzgeschmückten
    Locken von syrischer Narde duftend.

Philippis Not erlebt' ich mit dir, mit dir
Die Flucht, auf der ich Ärmster den Schild verlor,
    Als bei der Freiheit Fall ins eigne
    Schwert sich die trotzigen Männer stürzten.

Doch mich Verzagten führte Merkur beschwingt
In dichter Wolke durch der Verfolger Schwarm,
    Dich riß die wild empörte Brandung
    Wieder zurück in des Krieges Strudel.

Drum feir' ein Dankfest heute dem Jupiter;
In meines Lorbeers Schatten entgürte froh
    Den waffenmüden Leib, und nimmer
    Schone der Krüge, die dein gewartet.

Schenk ein! In Bechern funkelnden Massikers
Wohnt süß Vergessen. Gieße der Salben Duft
    Aus weiten Muscheln! Wer in Eile
    Windet uns Eppichgerank zum Kranze

Und Myrten? Wen zum Meister des Festgelags
Bestimmt uns Venus? Trotz den verwegensten
    Bacchanten denk' ich heut zu schwärmen;
    Süß ist ein Rausch bei des Freundes Heimkehr.

An Licinius Murena.

Soll dir's wohlgehn, steure, Licin, nicht immer
Auf des Meers Anhöhe hinaus, noch lenke,
Klug dem Sturm ausweichend, die Fahrt zu dicht ans
   Klippengestad' hin.

Wer sich weis' auswählte die goldne Mitte,
Wird getrost baufälliger Mauern Dumpfheit,
Wird des Hofs Neid weckenden Prunk begnügten
   Herzens entbehren.

Stärker schwankt, vom Winde gefaßt, der Fichte
Riesenstamm, hochragende Türme wuchten
Doppelt schwer im Sturz und es sucht des Berges
   Gipfel der Blitzstrahl.

Wem die Brust gleichmütige Fassung gürtet,
Hofft im Unglück, fürchtet im Glück des Schicksals
Wechsel; schickt doch immer ein Gott nach wüsten
   Flocken den Tauwind.

Nicht, wenn heut dir's übel ergeht, wird's morgen
Auch so sein. Zuzeiten erweckt Apollos
Saitenspiel dein schweigendes Lied, doch stets nicht
   Spannt er den Bogen.

Drum am Tag eindringender Not erscheine
Stark und fest; doch wisse bedachten Sinns auch
Dein von allzu günstigem Wind geblähtes
   Segel zu reffen.

An Quinctius Hirpinus.

Was überm Meer kriegslustig der Kantaber,
Der Scythe drohn mag, schlag es, o Quinctius,
   Dir aus dem Sinn und nicht mit Sorgen
    Plage dich um den Bedarf des Lebens,

Das, kurz nur, wenig fordert. Von hinnen flieht
Der Jugend Schmelz und Zauber, und abgewelkt
   Verscheucht den Wollusttraum der Liebe
    Und den gefälligen Schlaf das Alter.

Nicht immer bleibt die Blume des Lenzes frisch,
Nicht immer glüht wie heute so voll der Mond;
   Wozu mit endlos weiten Planen
    Stets den ermüdenden Geist bedrängen?

Warum nicht, hier im Schatten dahingestreckt
Von Ficht' und Ahorn, bechern wir frohgemut,
   Von Narden duftend und mit jungen
    Rosen die greisende Scheitel kränzend,

Solang's vergönnt ist? Bacchus vertreibt ja stets
Den Schwarm der Sorgen. Auf denn, ihr Jünglinge!
   Wer kühlt geschwind uns im vorüber-
    Rieselnden Quell des Falerners Feuer?

Wer lockt aus stiller Kammer uns Lyden her?
Sie komm' im Flug, die Laute von Elfenbein
   Im Arm, des Haupthaars schlichte Fülle
    Lose geschürzt zum Lakonerknoten.

An Mäcenas.

Nicht Numantias lang trotzenden Widerstand
Oder Hannibals Grimm, noch das von Pönerblut
Purpurn wogende Meer heiß mich bewältigen
    Mit der zärtlichen Leier Klang,

Nicht Lapithen und nicht trunkner Zentauren Wut,
Noch die Jünglinge, die Herkules' Arm bezwang,
Gäas Riesengeschlecht, denen das schimmernde
    Haus des alten Saturn bereits

Einsturz drohend gebebt. Besser verewigst du,
Schlicht erzählend, Mäcen, Cäsars erfochtenen
Sieg und wie er im Joch trotziger Könige
    Stolzen Nacken zur Burg geführt.

Nur den süßen Gesang meiner Gebieterin,
Nur Licymnias lichtstrahlendes Auge heißt
Mich die Göttin des Lieds preisen, das Herz allein,
    Das stets Liebe für Liebe gibt;

Sieh nur, wie sie den Fuß zierlich im Reigen hebt
Und mitscherzend im Chor holder Gespielinnen
Wechselnd ihnen den Arm bietet am heiligen
    Festlich frohen Dianentag.

Gäbst du für den Besitz eines Achämenes,
Für den Segen des goldströmenden Phrygerlands
Eine Locke dahin deiner Licymnia?
    Für Arabiens Schätze selbst?

Wenn zum flammenden Kuß zärtlich den Nacken sie
Herbeugt oder ihn dir, spröde zum Schein, versagt,
Weil ihr süßer der Kuß, welchen du raubst, bedünkt,
    Den sie selber im Sturm wohl raubt.

Der Unglücksbaum.

Der hat an unheilschwangerem Tag fürwahr
Dich einst gepflanzt und dann mit verruchter Hand
    Dich großgepflegt, o Baum, den späten
     Enkeln zum Fluch und dem Gau zur Schande;

Den eignen Vater, glaub' ich, erdrosselt' er
Und tränkt' in stiller Kammer um Mitternacht
    Mit seines Gastfreunds Blut das Estrich,
     Oder mit kolchischem Gift und Zauber

Verübt' er Mord und jegliche Greueltat,
Wer hier auf meinem Grunde dich wachsen hieß,
    Dich, schnöder Stamm, um deinem arglos
     Wandelnden Herrn auf das Haupt zu stürzen.

Was Stund' um Stund' uns drohe, noch keinem ward's.
Der lebt, enthüllt; wohl fürchtet den Bosporus
    Der Pönerschiffsherr, doch geborgen
     Wähnt er sich sonst vor des Zufalls Tücken.

Den Krieger schreckt des flüchtigen Parthers Pfeil,
Den Parther Romas Kerker und Kettenlast,
    Doch jählings tilgt' unvorgesehner
     Tod die Geschlechter und wird sie tilgen.

Wie nah schon sah ich, düstre Proserpina,
Dein trübes Reich und Äakus' Richterstuhl,
    Sah stillumgrenzt der Sel'gen Wohnsitz
     Und zur äolischen Leier klagend

Dich, Sappho, wie du nach den Gespielen riefst,
Und dich, Alcäus, der du, in volleren
    Akkorden wühlend, Not der Seefahrt,
     Not der Geächteten sangst und Kriegsnot.

Ihr Lied versenkt in stumme Bewunderung
Die Schatten rings; doch trunkneren Ohrs noch lauscht
    Aus Schlachten und gestürzte Zwingherrn,
     Schulter an Schulter gedrängt, die Menge.

Was Wunder, da vor solchem Gesang entzückt
Aufhorcht der hunderthäuptige Höllenhund
   Und selbst im Haar der Eumeniden
    Wonneberauscht sich die Nattern dehnen.

Ja, selbst Prometheus, Tantalus selbst vergißt
Der schweren Drangsal über dem Zauberton,
   Und seine Luchs' und Leun zu hetzen
    Zaudert Orion, der wilde Jäger.

An Postumus.

Ach, unaufhaltsam, Postumus, Postumus,
Flieht Jahr um Jahr; kein frommes Gebet bewahrt
    Vor Runzeln dich, noch vor des Alters
  Nahn und der Siegesgewalt des Todes.

Und magst dreihundert Stiere du täglich auch
Dem mitleidlosen Hades zur Sühne weihn,
    Der streng im düstern Bann den ries'gen
  Geryon hält und den Sohn der Gäa,

Im Bann des Stromes, welchen wir allzumal,
So viel der Erde labende Frucht uns nährt,
    Dereinst durchschiffen müssen, sei'n wir
  Könige, sei'n wir geringe Bauern.

Umsonst entziehn dem blutigen Mars wir uns,
Dem Wogensturz der heulenden Adria,
    Umsonst zur Herbstzeit ängstlich meiden
  Wir den verderblichen Hauch des Südwinds.

Wir sehn trotzdem durchs Dunkel den stockenden
Kozyt einst schweifen, sehen des Danaus
    Unsel'ge Töchter und des Büßers
  Sisyphus ewig verlorne Mühsal.

Von Haus und Hof, vom blühenden Weibe mußt
Auch du hinweg und unter den Bäumen wird,
    Die du gepflegt in kurzer Herrschaft,
  Nur die Zypresse getreu dir bleiben.

Dann schlürft ein klügrer Erbe den Cäcuber,
Den du mit hundert Riegeln verwahrt, und tränkt
    Den Marmorgrund mit edlen Tropfen,
  Wie sie beim Pontifexmahl nicht fließen.

An Pompejus Grosphus.

Ruh' erfleht vom Himmel im Sturm des wilden
Inselmeers der Schiffer, wenn finstre Wolken
Ihm den Mond zudeckten und kein Gestirn mehr
    Sicher die Bahn weist;

Ruh' erfleht kampfmüde das Land der Thraker,
Ruh' des Euphrats köchergeschmückte Heerschar,
Nicht um Gold noch Edelgestein und Purpur
    Käufliche Ruhe.

Denn es hält kein fürstlicher Schatz und keines
Liktors Beil dir ferne den Sturm der Seele,
Noch die schwarz ums Zedergebälk der Decke
    Flatternden Sorgen.

Glücklich lebt mit wenigem, wem des Ahnherrn
Salzgesäß einfach den bescheidnen Tisch ziert;
Nimmer weckt aus friedlichem Schlaf die Furcht ihn,
    Nimmer die Habsucht.

Wie doch bei so flüchtiger Frist nur planen
Wir so viel, und rasten in keiner Zone?
Ach, wer ward, und ob er zur fernsten Fremde
    Schweifte, sich selbst los?

Mit uns steigt aufs eherne Schiff die bange
Sorg' und setzt sich hinten aufs Roß dem Reiter,
Selbst den Hirsch einholend im Lauf, den Wolken
    Jagenden Tauwind.

Heute froh, sei nimmer besorgt um Künft'ges!
Was dir weh tut, dämpfe mit leisem Lächeln;
War doch keines Sterblichen Los in allem

Glücklich zu preisen.

Frühen Tod fand mitten im Ruhm Achilles,
Aufgezehrt vom Alter verkam Tithonus[15] ,
Und vielleicht, was dir sie versagt, wird mir die
          Stunde gewähren.

Dich umschallt sizilischer Stiere Brüllen
Hundertfach und Lämmergeblök! im Vierspann
Wiehert hell die Stute dir zu, es deckt dich
          Echtester Purpur.

Mir beschied nur kleinen Besitz ein huldvoll
Schicksal, doch vom Genius auch der Griechen
Einen Hauch und wider des Pöbels Mißgunst
          Stolze Verachtung.

---

[15] Tithonus, der Geliebte der Aurora, für welchen diese zwar Unsterblichkeit,
aber nicht ewige Jugend von den Göttern erbeten hatte, schrumpfte, der Sage
nach, zuletzt zur Zikade zusammen.

Dithyrambus.

In tiefer Felsschlucht sah ich den Bacchus jüngst
Gesänge lehren – glaubt es, ihr Enkel, mir! –
    Und Nymphen sah ich rings und Satyrn
      Lauschen mit spitzigem Ohr und Bocksfuß.

Euö, welch jäher Schauder durchrieselt mich!
Wie schwillt das Herz in stürmischer Wonne mir
    Vom Gotte trunken! Schon', o Liber,
      Schone, gewaltiger Thyrsusschwinger!

Nun darf ich singen, wie der Mänadenschwarm
Hintaumelt, wie der Bronnen des Weines springt,
    Wie Milch in Bächen rauscht und Honig
      Aus der geborstenen Eiche träufelt,

Darf deiner Braut[16] ins funkelnde Sternenblau
Verwobne Krone ringen und Pentheus' Burg,
    Die schweren Falls dahingestürzte,
      Und des Lykurgus Geschick, des Thrakers.

Dir weichen Ströme, stillt sich das Indermeer;
Du schlingst gefahrlos, triefend von Rebensaft,
    Auf fernen Waldhöhn durch das wilde
      Haar der Bacchantin den Schlangenknoten.

Den Rhötus[17] warfst du, als der Giganten Wut
Des Vaters Reich zu stürzen gen Himmel klomm,
    Mit Löwenklaun zurück zum Abgrund,
      Ihn mit entsetzlichem Rachen schreckend,

Wiewohl sie dich, den Meister im Reigentanz,
In Scherz und Kurzweil, minder gefährlich wohl
    Im Kampf geachtet. Doch derselbe

---

[16] Die Braut des Bacchus ist Ariadne, deren Kranz unter die Sterne versetzt
wurde.

[17] Rhötus, einer der himmelstürmenden Giganten, den Dionysos in Löwenge-
stalt besiegte.

Mitten im Krieg wie im Frieden bliebst du.

Dich grüßt' in Demut, als er das Goldgehörn[18]
An deiner Stirn sah, wedelnd der Höllenhund,
  Und als du gingst, dreizüngig leckt' er
  Dir mit gebogenem Haupt die Füße.

---

[18] Daß auch Bacchus öfters gehörnt, wie Jupiter Ammon, gebildet wurde, ist
bekannt.

Weihgesang.

Das Volk der Spötter hass' ich, hinweg mit ihm!
In Andacht schweigt! Nie früher vernommenen
   Gesang im heil'gen Dienst der Musen
Stimm' ich den Jünglingen an und Jungfraun.

Die Herrn der Herrn selbst, welche der Völker Schwarm
Mit Zittern ehrt, sind Jupitern untertan,
   Der, durch Gigantensieg verherrlicht,
Alles bewegt mit dem Wink der Braue.

Ob *der* in weitern Grenzen als andere
Lustgärten pflanze, dieser sich edlerer
   Geburt, zum Wahlkampf schreitend, rühme,
Dieser durch Sitten und Ruf geadelt

Mitwerbe, jenen größre Klientenschar
Umring': ein streng ausgleichend Verhängnis teilt
   Sein Los dem Krösus zu, dem Bettler
Wie es für jeglichen birgt die Urne.

Wem über schuldbeladenem Haupt gezückt
Ein Schwert herabhängt, kein sybaritisch Mahl
   Schafft reinen Wohlschmack ihm, noch lullt ihn
Vogelgezwitscher und Klang der Saiten

In Schlummer ein. Doch friedlicher Schlaf verschmäht
Die niedern Hütten ländlicher Männer nicht,
   Am Uferabhang nicht den Schatten,
Oder ein Tempe, gekühlt vom Westhauch.

Wer nichts, als was zum Leben genügt, begehrt,
Den kümmert nicht des tobenden Meeres Wut,
   Wenn unter Sturm Arkturus' Sternbild
Sinkt und am Himmel der Widder aufsteigt,

Nicht Hagelschlag, der über die Reben braust,
Mißwachs im Feld nicht, wenn die Gewässer bald
   Die Frucht verdarben, bald des Hundssterns
Sengende Glut und des Winters Härte.

Beengt im Meer schon fühlen die Fische sich
Durch ries'gen Dammbau; wälzt doch der Meister dort
    Mit seinem Werkvolk Schutt und Quadern
Täglich hinab, da der stolze Grundherr

Satt ward des Festlands. Aber dem Üppigen,
Wohin er schweift, nachschreitet die Furcht; es steigt
    Ins Ruderschiff mit ihm und setzt sich
Hinter den Reiter die schwarze Sorge.

Wenn drum den Trübsinn phrygischer Marmor nicht,
Nicht Purpurschmuck, glanzvoller als Sternenschein,
    Zu bannen Macht hat, nicht Falerner,
Noch der erlesenste Perserbalsam,

Was soll mit neiderweckenden Säulen ich
Im neusten Stil mir prächtige Hallen baun:
    Was mein Sabinertal um Reichtum,
Der mir Beschwerde nur schafft, vertauschen?

Römerzucht.

Entbehrung dulden lerne mit Freudigkeit
Der Jüngling, durch mühseligen Waffendienst
    Gestählt, und unnahbar im Speerkampf
      Schreck' er zu Rosse den wilden Parther.

Sein Leben fließ' ihm unter dem Wolkenzelt
Dahin in Drangsal. Wenn von den Zinnen ihn
    Der Feindesburg des fremden Königs
      Gattin erblickt und die blühende Tochter,

Dann seufz' ihr Mund: Ach, daß mir der fürstliche
Geliebte nur, Feldschlachten noch ungewohnt,
    Den grimmen Leun nicht reize, wann durch
      Ströme von Blut ihn der Zorn dahinreißt!

Süß ist's und ruhmvoll, sterben fürs Vaterland;
Doch stürmt der Tod auch hinter dem Fliehenden
    Und schont nicht zart verwöhnter Jugend
      Flüchtiges Knie noch des Feiglings Rücken.

Die Tugend, der's am eigenen Glanz genügt,
Hascht nicht nach Würden, die zu verweigern sind,
    Abhängig nicht vom Hauch der Volksgunst
      Nimmt sie und gibt sie zurück die Beile.

Sie wagt, des Himmels Tor dem unsterblichen
Verdienst erschließend, nimmer gewagten Flug,
    Des Pöbelschwarms unlautern Dunstkreis
      Stolz mit entstehendem Fittich meidend.

Mit Segen lohnt auch treue Verschwiegenheit;
Nie weile, wer unfromm die Geheimnisse
    Der Ceres preisgab, unter *einem*
      Dache mit mir, noch gemeinsam licht' er

Mit mir die Anker. Oft hat Diespiter
Des Sünders Schuld am Reinen mitheimgesucht;
    Doch selten blieb, gelähmten Fußes,
      Hinter dem Frevler zurück die Rache.

Die Verklärung des Romulus[19] .

Wer treu sich selbst im Dienste der Pflicht beharrt,
Dem wird Gesetzbruch heischende Pöbelwut,
   Dem wird des Zwingherrn finstrer Drohblick
    Nie den gelassenen Mut erschüttern,

Noch auch der Sturm, der Adrias Brandungen
Aufrührt, noch Zeus' blitzschleudernder Götterarm;
   Der Himmel, stürzt' er ein, begrübe
    Unter den Trümmern den Unverzagten.

Um solchen Hochsinn ging der Alkmene Sohn,
Ging Pollux einst zur strahlenden Götterburg,
   Zu welchen hingelehnt August einst
    Nektar mit purpurner Lippe kostet;

Um ihn, o Bacchus, zog dich, ins Joch gebeugt,
Dein Tigerpaar mit sträubendem Hals, um ihn
   Entführten dich, Quirin, den Orkus
    Meidend, die Rosse des Mars nach oben.

Da war's, daß Juno gnädig im Götterrat
Dies Wort des Heils sprach: Ilion, Ilion
   Sank um die Schuld des zuchtvergeßnen
    Richters in Staub und des fremden Kebsweibs,

Die Stadt, die, seit mit Göttern Laomedon[20]
Sein täuschend Spiel trieb, stets mir ein Greuel war,
   Mir und der nie berührten Pallas,
    Samt dem verrätrischen Volk und König.

Nun prunkt nicht mehr der spartischen Dirne Gast
Mit seiner Schmach, noch wehrt von des Priamus

---

[19] Dies ganz nach Pindarischer Weise entworfene und ausgeführte Gedicht feiert unter dem Bilde einer Prophezeiung der Juno auf das Geschlecht des Romulus (Quirinus) den Sieg Augusts über Antonius, der sich mit dem Gedanken getragen hatte, ein oströmisches Reich mit der Hauptstadt Troja auszurufen.

[20] Laomedon, Priamus' Vater, dem Apoll und Poseidon die Ringmauern von Ilion erbauten, verweigerte diesen nach vollendeter Arbeit den bedungenen Lohn.

Meineid'gem Haus den Sturmesangriff
Kühner Achäer die Kraft des Hektor.

Der Krieg, hinausgezögert durch Götterzwist,
Hat ausgetobt. So tilg' ich den alten Groll
    Und schenk' aufs neu' den einst gehaßten
    Enkel, der ilischen Rhea Sprößling,

Dem Mars zurück. Nicht länger verwehr' ich ihm
In unsres Lichtreichs Wohnungen einzugehn
    Und, Nektar schlürfend, bei den sel'gen
    Göttern ein seliger Gott zu wohnen.

Solange zwischen Ilions Höhn und Rom
Das weite Meer braust, herrsche, wohin er auch
    Auszog, beglückt sein Stamm, und während
    Drüben auf Priamus' Grab und Paris'

Die Herde grast und ohne Gefahr das Wild
Die junge Brut birgt, rag in Triumphgepräng
    Das Kapitol und Rom verleihe
    Recht und Gesetz dem bezwungnen Meder.

Ehrfurcht gebietend schall' am entferntesten
Gestad sein Name, wo uns die Mittelsee
    Vom Afrer trennt und wo des Nilus
    Schwellender Strom das Gefild befruchtet.

Ja, zu des Erdrunds Grenzen den Siegeszug
Vollend' es, froh stets neuer Entdeckungsfahrt,
    Sei's, wo der Himmel Flammen regnet,
    Oder im Nebel und Taugeriesel.

Doch solches Heil weissag' ich den tapferen
Quiriten nur, dafern sie nicht allzu fromm,
    Nicht allzu sicher Trojas Feste
    Wieder erbaun, der verhaßten Ahnin.

Verjüngt sich Troja wider der Sterne Lauf,
Dann bricht aufs neu' ihr grauses Geschick herein,
    Dann führ' ich selbst die Siegesscharen,
    Ich, die Gemahlin des Zeus und Schwester.

Und türmte dreimal Phöbus die eherne

Ringmauer: dreimal wieder zermalmte mein
    Argivisch Heer sie, dreimal weint' um
Söhn' und Gemahl die gefangne Gattin.

Doch nicht geziemt der scherzenden Leier dies!
Was wagst du, Muse? Woll, o Vermessene,
    Nicht länger, Göttersprüche kündend,
Hohes durch niederen Flug herabziehn!

An Kalliope.

Nun steig herab vom Himmel, Kalliope,
Und laß zum Ton der Flöte, Gebieterin,
  Ein großes Lied hellstimmig schallen,
Oder begleit es auf Phöbus' Leier.

Vernahmt ihr's? Oder täuscht mich ein holder Wahn?
Mir ist, ich hör's, wie schweifenden Fußes sie
  Herwallt im Götterhain, melodisch
Von den Gewässern umrauscht und Lüften.

Mich deckten auf Apuliens Geierberg,
Wo einst als Kind ich, ferne dem Vaterhaus,
  Vom Spiele müd' in Schlaf gesunken,
Himmlische Tauben mit jungem Laub zu.

Ein Wunder deucht' es allen, soviel umher
Im hohen Klippennest Acherontias,
  Soviel im üpp'gen Tal Forentums
Wohnen und an den Bantiner Waldhöhn,

Wie sicher ich vor Bären und Natternbrut,
Geborgen unter heiligem Lorbeerreis
  Und Myrten schlief, ein sorglos Knäblein,
Gnädig behütet von euch, ihr Musen.

Denn euer bin ich, euer, umwehe mich
Sabinums Bergluft oder der Schattenhain
  Pränestes, winke Tiburs Hang mir
Oder der plätschernde Golf von Bajä.

Nicht hat mich, eurer Quellen und Tänze Freund,
Philippis rückwärts flutende Schlacht versehrt,
  Nicht jenes Unglücksbaums Herabsturz,
Noch im Sizilischen Meer das Felsriff.

Seid ihr mit mir, so darf ich mich frohgemut
Im Schiff dem wild aufbrausenden Bosporus
  Vertraun und durch den heißen Flugsand
An der assyrischen Küste pilgern,

Den Briten darf ich, welcher den Fremdling würgt,
Getrost den Roßblut schlürfenden Kantaber
    Aufsuchen und am Szythenstrome
Ruhig dem Pfeil des Gelonen trotzen.

Ihr lasset Cäsarn, wenn der Erhabene
Sein müdes Haupt im Schoße der Städte barg
    Und Stille sucht nach Kampf und Mühsal,
In den pierischen Grotten ausruhn.

Friedsel'gen Rat erteilet ihr Holden ihm
Und freut euch eures Rates. Doch wissen wir,
    Wie mit des Donners Keil die Rotte
Frevler Titanen er einst zerschmettert,

Zeus, der den Erdball, der die Gewässer lenkt,
Gesetz den Städten gibt und dem Schattenreich,
    Und Götter gleichwie Staubgeborne
Einzig beherrscht mit gerechtem Zepter.

Wohl kam ein Graun ihm, als mit gewalt'gem Arm
Tollkühn die Riesenjugend den Sturm begann
    Und jenes Paar anhub, den wald'gen
Pelion auf den Olymp zu wälzen.

Doch was vermochte Typhons und Mimas' Kraft,
Was alle Drohgebärde Porphyrions,
    Was selbst Enceladus, der kühne
Schleudrer entwurzelter Eichenstämme,

Als ihnen Pallas' tönender Götterschild
Entgegenblitzt'? als hier sich Vulkan erhub,
    Dort Junos Gottheit und des goldnen
Nimmer versagenden Bogens Meister,

Er, dem vom klaren Taue Kastalias
Die Locke trieft, der Lyciens Myrtenflur
    Und seines Eilands Hain umwaltet,
Delos' und Pataras Gott, Apollo?

Kraft ohne Rat stürzt unter der eignen Wucht,
Kraft, wenn sie Maß hält, führen die Götter selbst
    Zum Ziele, doch verhaßt ist ihnen

Übergewaltiger Stärke Frevel.

Mein Wort bezeug' euch Gyas, der Gäa Sohn,
Der hundertarm'ge, jener Orion auch,
   Der, frech Dianas Reiz begehrend,
Unter den Pfeilen erlag der Jungfrau.

Schwer deckt die Erd' ihr eigenes Greulgeschlecht,
Die Brut bejammernd, die zu des Orkus Nacht
   Der Blitz gestürzt; noch nicht durchfraß ihr
Zehrendes Feuer die Last des Ätna.

Der Geier läßt, zum Rächer der Schuld bestellt,
Von deiner Brust nicht, lüsterner Tityos,
   Und Ketten, dreimal hundert, drücken
Ewig, Pirithous, dich, den Buhler.

Sittenverderbnis.

Mitschuldig büßen wirst du der Väter Schuld[21] ,
Bis du der Götter sinkende Wohnungen,
   Die Tempel hergestellt, o Römer,
     Und die Altäre vom Wust gesäubert.

Soll dein das Reich sein, beuge den Göttern dich,
Anfang und Ausgang liegen in ihrer Hand;
   Mißachtet schlugen sie mit schwerer
     Plage bereits das erschrockne Westland.

Schon zweimal warfen Parthiens Könige
Das Heer der Unsern, weil es des Vogelflugs
   Gelacht, in Staub, und schmückten stolz mit
     Römischer Beute den Kettenpanzer.

Ja, Daker hätten fast, Äthiopier
Im Sturm der Bürgerkriege die Stadt zerstört,
   Des Meeres Schrecken die, die andern
     Meister im Schleudern der Pfeilgeschosse.

Fruchtbar an Schuld hat unsere Zeit zuerst
Leichtfertig Ehbett, Haus und Geschlecht entweiht;
   Das ist der Born, draus Schwäch' und Unsieg
     Über die Stadt und das Volk geflutet.

Begierig lernt, was lüsterne Sinne reizt,
Schon früh die Jungfrau, jede Verführungskunst
   Von Kind auf übend, denn von Kind auf
     Spielt sie mit sträflicher Lust Gedanken.

Dann sucht als Weib sie jüngere Buhler sich
Beim Zechgelag des Gatten und wählt nicht lang,
   Wem hastig sie verbotne Freuden
     Fern von der Ampel, im Dunkeln, gönne.

Auf offnen Wink selbst steht sie, mit Wissenschaft

---

[21] Ich lese: Delicta maiorum meritus lues. Immeritus scheint mir keinen Sinn zu geben, da das ganze Gedicht nichts als eine Aufzählung schwerer Verschuldungen enthält.

Des Manns, vom Sitz auf, ob sie der spanische
    Schiffsherr begehrt hab', ob der Wechsler,
        Wenn er mit Golde die Schmach nur aufwägt.

Von solchen Eltern stammte die Jugend nicht,
Die einst das Meer mit punischem Blut gefärbt,
    Die Pyrrhus und den eisenharten
        Hannibal schlug und die Macht des Syrers.

Nein, Männernachwuchs ländlicher Krieger war's,
Der selbst das Erdreich mit dem Sabellerkarst
    Zu lockern wußt' und auf der strengen
        Mutter Geheiß die gefällte Holzlast

Heimtrug vom Wald, wann scheidend der Sonnengott
Der Berge Schatten dehnt', und den lechzenden
    Pflugstier entjochte, vom gesenkten
        Wagen die Stunde der Rast verkündend.

Was frißt die allzerstörende Zeit nicht an!
Von Vätern, die schon nimmer den Ahnen gleich,
    Verderbter stammen *wir*, und *uns* wird
        Mehr noch entartete Brut entsprossen.

Versöhnung.

Horaz. Als du mich noch im Herzen trugst,
    Und kein trauterer Freund zärtlich die Arme dir
        Um den blendenden Nacken wand,
    Schwelgt' in reicherem Glück Persiens Herrscher nicht.

Lydia. Als ich dir noch allein gefiel
    Und vor Chloe noch nicht Lydiens Reiz erblich,
        Ging mein Name von Mund zu Mund,
    Selbst nicht Ilias Ruhm strahlte so hell im Lied.

Horaz. Jetzt beherrscht mich die Thrakerin
    Chloe; lieblicher singt keine zum Lautenspiel;
        Freudig will ich den Tod bestehn,
    Gönnt der Süßen dafür Leben und Heil ein Gott.

Lydia. Mich hat Calais, Thuriums
    Sohn, entzündet und gibt Glut mir um Glut zurück;
        Zwiefach duld' ich des Todes Pein,
    Gönnt dem Knaben dafür Leben und Heil ein Gott.

Horaz. Doch wenn sanft die Getrennten nun
    Alter Liebe Gewalt wieder zusammenzwingt?
        Wenn nun Chloe, die Blonde, weicht,
    Und mein Pförtchen, wie sonst, Lydien offen steht?

Lydia. Schön ist jener wie Phöbus zwar,
    Du noch schwanker als Rohr, leichter in Zorn gestürmt
        Als der Hadria wilde Flut,
    Doch in Leben und Tod will ich die Deine sein.

An Lyde.

Gott Merkur, du Meister, von dem Amphion
Durch sein Spiel selbst Steine zu rühren lernte,
Und du wohllautmächtige, siebensaitig
    Tönende Leier,

Stumm noch jüngst und wenig gesucht, doch heute
Froh begrüßt bei Mählern und Götterfesten,
Gib ein Lied mir, welchem das Ohr der harten
    Lyde sich neige,

Die nach Art dreijähriger Füllen wild noch
Schweift und zaumlos, keine Berührung duldend,
Süßer Brautlust fremd und dem Wunsch des feurig
    Werbenden spröde.

Du vermagst ja reißend Getier und Wälder
Nachzuziehn, du hemmest im Lauf den Sturzbach,
Ja den Torwart drunten am Styx, den grausen
    Cerberus zwangst du,

Dir entzückt zu lauschen, wiewohl von hundert
Nattern rings sein Furienhaupt umstarrt war,
Und der dreifach züngelnde Rachen gräßlich
    Geifer und Qualm schnob.

Selbst Ixions, Tithos' finstre Züge
Überflog's wie Lächeln, es stand mit trocknen
Eimern plötzlich Danaus' Schar, vom süßen
    Zauber gefesselt.

Hör, o Lyde, höre der Schwestern Untat
Und das Los, das ihnen dafür am leeren
Faß verhängt ward, welchem die Flut nach unten
    Ewig entrieselt.

Ihre Schuld abbüßen sie dort, die Argen,
Die verrucht in nimmer erhörtem Frevel,
Die verrucht ihr Eisen ins Herz der eignen
    Gatten gestoßen.

Eine nur von allen, der Hochzeitfackel
Würdig, brach, hochsinnige Falschheit übend,
Ihrem falschen Vater das Wort, und ewig
    Preist sie die Nachwelt.

Auf! so weckt' ihr Ruf den verfemten Jüngling,
Auf, damit nicht ewiger Schlaf, von wannen
Du's nicht ahnst, dir nahe! Den eignen Schwäher
    Fürcht' und die Schwestern,

Die entmenscht, wie Löwinnen junge Stiere,
Mann für Mann hinwürgen, doch sieh, ich kann's nicht;
Keinen Mordstahl hab' ich für dich und keine
    Bande, Geliebter.

Mag mich schwer mit Ketten der Zorn des Vaters,
Weil ich dein mich, Ärmster, erbarmt, belasten!
Mag er fern mich über das Meer ins Land der
    Wüste verbannen!

Flieh, o flieh mit eilendem Fuß und Segel!
Noch sind Nacht und Liebe dir hold; es schütze
Dich ein Gott, und meinem Gedächtnis schenk' einst
    Tränen der Wehmut.

An den Bandusischen Quell.

O Bandusias Quell, lichter als Bergkristall,
Süßen Weines und nie welkender Blumen wert,
    Morgen fällt dir ein Böcklein,
  Dem sein knospend Gehörn bereits

Liebesfreuden verheißt, Kämpfe der Eifersucht,
Ach, umsonst; der Gespiel lüsterner Zicklein soll
    Mir dein kühles Geriesel
  Festlich röten mit Opferblut.

Niemals haftet auf dir schädlich des Sirius
Flammenblick, du gewährst stets dem ermüdeten
    Pflugstier labende Frische,
  Stets der grasenden Lämmerschar.

Dich auch zählt man, o Quell, zu den erlauchten einst,
Denn in manchem Gesang pries ich die Eiche schon,
    Die den Felsen beschattet,
  Draus dein Sprudel geschwätzig hüpft.

Abrüstung.

Noch jüngst den Mädchen wußt' ich gerecht zu sein
Und ohne Ruhm nicht focht ich im Liebeskampf,
    Nun häng' ich Saitenspiel und Waffen,
    Müde des Krieges, an dieser Wand auf,

Die unsrer meerentstiegenen Herrin Bild
Zur Linken schirmt; hier leg' ich die Fackeln jetzt,
    Die Stangen hier und Hebel nieder,
    Mancher verschlossenen Tür Bezwinger.

O Göttin, die im seligen Cyprus du,
Auf Memphis' stets schneelosen Gefilden thronst,
    Nur einmal, Fürstin, mit erhobner
    Geißel noch triff mir die stolze Chloe.

An den Weinkrug.

Der du mit mir aus Manlius' Tagen stammst,
Ob süßen Harm, ob Scherze du wecken magst,
    Ob Hader oder Liebeswahnsinn
      Oder gefälligen Schlaf, mein Weinkrug,

Von welchem Ausbruch massischer Reben auch
Du duftest, wert beim Feste kredenzt zu sein,
    Nun komm herab! Corvin zur Feier
      Ziemt es sich, milderen Wein zu spenden.

Er wird dich, ob sein Geist von sokratischer
Belehrung trieft, nicht allzu gestreng verschmähn;
    Auch Catos herbe Tugend, sagt man,
      Pflegte von lauterem Wein zu glühen.

Verschloßnem Sinne tust du, wie hart er sei,
Gelinden Zwang an, ja, du enthüllest uns,
    Wenn frei Lyäus scherzt, die Zweifel
      Und den verborgenen Rat der Weisen.

Mit Hoffnung stärkst du wieder den Zagenden
Und leihst dem Schwachen mächtiger Hörner Kraft,
    Daß ihn hinfort kein Zorn gekrönter
      Könige schreckt noch das Schwert des Söldners.

Dich lass' uns Cypris, naht sie beseligend,
Dich Bacchus und der Grazien Schwesterbund
    Bei wachem Kerzenschein nicht ausgehn,
      Bis die Gestirne verscheucht das Frührot.

An Phidyle.

Wenn du die Arme flehend zum Himmel hebst
Bei jungem Mondlicht, ländliche Phidyle,
   Und fromm die Laren sühnst durch Weihrauch,
Heurige Frucht und ein rundes Ferklein,

Danu spürt des Südwinds giftigen Odem nicht
Der schwangre Rebstock, noch den verderblichen
   Meltau die Saatflur; nicht das junge
Saugende Lamm die Beschwer der Obstzeit.

Der Opferstier, der kräftige Weide fand
Im Eichenforst am schneeigen Algidus,
   Den Albas Grasflur üppig nährte,
Röte mit blutig getroffnem Nacken

Das Beil des Priesters. Aber für *dich* bedarf's
Nicht vielen Bluts unschuldiger Lämmer erst;
   Nur Rosmarin und zarte Myrten
Winde den Göttern des Herds zum Kranze!

Denn *deine* Hand, die fromm den Altar berührt,
Versöhnt, auch arm an Gaben, wie köstlicher
   Brandopfer Duft den Zorn der Götter,
Spendet sie knisterndes Salz und Mehl nur.

An Lyde.

Was am Feste Neptuns fürwahr
Könnt' ich Besseres tun? Hol aus dem Keller denn
    Eilends, Lyde, den Cäcuber,
Und den störrischen Ernst schlag' in die Flucht mit ihm!
    Sieh, schon neigt sich gemach der Tag;
Doch noch immer, als stünd' heute die Sonne still,
    Säumst du, aus dem Gewölb den Krug,
Der seit Bibulus dort lagert, hervorzuziehn.
    Auf! Dann preisen wir Lied um Lied
Erst Neptun und des Meers Töchter im Binsenhaar,
    Drauf zum Schalle der Zither singst
Du Latonen und rühmst Cynthias Flügelpfeil,
    Doch vor allen die Königin,
Die vom schimmernden Strand ihrer Zykladen her
    Stolze Schwäne nach Paphos ziehn,
Bis ein Lied an die Nacht würdig die Feier schließt.

An Mäcenas.

Schon längst, Mäcen, tyrrhenischer Könige
Urenkel, wartet deiner ein Krug bei mir,
   Ein unberührter, linden Weines,
Blühende Rosen dazu und Balsam,

Dein Haar zu salben. Auf denn, und zaudre nicht!
Was willst du stets dir Äfulas Wiesenhang[22] ,
   Was Tiburs Quellgrund und des wilden
Frevlers Telegonus Höhn betrachten?

Entflieh einmal dem drückenden Überfluß,
Dem wolkenhoch aufstrebenden Turmpalast!
   Aufatmend laß der stolzen Hauptstadt
Schimmer und Rauch und Gelärm im Rücken!

Hat durch der Neuheit Würze dem Reichen doch
Ein saubres Nachtmahl unter bescheidnem Dach
   Auch ohne Prachtgedeck und Purpur
Oft die gerunzelte Stirn geglättet.

Schon zündet Kepheus[23] droben am Himmelszelt
Sein feurig Licht, schon lodert der Sirius
   Und flammend bringt der Stern des wilden
Löwen uns durstige Sonnentage.

Schon sucht mit lasser Herde der müde Hirt
Den schattenkühlen Quell und des zottigen
   Waldgottes Dickicht auf und nirgends
Flüstert im schweigenden Schilf ein Lüftchen.

Doch du, aufs Wohl nur unserer Stadt bedacht,
Erwägst mit Sorgen, welche Gefahr vielleicht

---

[22] Äfula, Stadt in Latium, die gleich den beiden andern genannten Orten im Gesichtskreise von Mäcens Palaste lag. Mit den Höhen des Telegonus ist Tusculum gemeint, das der Sage nach von Telegonus, dem Sohne des Odysseus von der Circe, gegründet wurde, nachdem er seinen Vater, ohne ihn zu kennen, erschlagen hatte,

[23] Kepheus, der Gemahl der Cassiopeia und Vater der Andromeda, dessen Sternbild am neunten Juli erscheint.

Von Syrern oder fern von Baktra
Oder vom Tanais her ihr drohe.

Doch weislich hüllt uns künftiger Zeiten Los
Ein Gott in dichtes Dunkel; des Sterblichen,
    Der leere Schatten fürchtet, lacht er.
Was dir der heutige Tag beschieden,

In heitrem Gleichmut nutz' es; was ferner kommt,
Wird gleich dem Strom sein, welcher im Tiber dort
    Zum Tuskermeer bald friedlich hinwallt,
Bald, wenn der Bäche Geflut ihn aufregt,

Zernagter Felsen Blöck' und entwurzelte
Steineichen wälzt und Herden und Hütten rings
    Wildstrudelnd fortschwemmt, daß der Berge
Schluchten umher und die Wälder dröhnen.

Nur der wird heiter leben und selbstbewußt,
Der Tag für Tag am Abend sich sagen darf:
    Heut lebt' ich. Mag der Göttervater
Morgen den Himmel mit Wolken schwärzen,

Mag klar er ihn ausspannen im Sonnenglanz:
Vergangnes macht sein Wille nicht ungeschehn,
    Noch schafft er um und tilgt, was einmal
Uns die beflügelte Stund' entführte.

Fortuna spielt, des argen Geschäftes froh,
Ihr übermütig Spiel mit Behagen fort
    Und lächelt, flücht'gen Glanz bescherend,
Heute für mich und für andre morgen.

Verweilt sie, lob' ich's; flattert sie fort in Hast,
Um ihre Gunst nicht bettl' ich und hülle mich
    In meinen Stolz ein, unabhängig
Redlicher Dürftigkeit Los erwählend.

Dann brauch' ich nicht, wann ächzend im Sturmgeheul
Der Mast sich beugt, mit kläglichem Angstgelübd'
    Zerknirscht zu flehen, daß die Fracht mir
Die ich in Cyprien lud und Tyrus,

Dem Schlund anheim nicht falle der gier'gen See;

Nein, sicher führt im leichteren Kahne mich
  Ein gnäd'ger Hauch und Pollux' Sternbild
Durch der ägäischen Wogen Aufruhr.

Schlußgesang des dritten Buches.

Ew'ger schuf ich als Erz, höher, als Königsmacht
Pyramiden sich türmt, mir ein Gedächtnismal,
Das kein stürzender Guß, keines Orkans Gewalt
Zu erschüttern vermag, noch der unendliche
Strom der Jahre zerstört oder der Zeiten Flucht.
Nicht ganz werd' ich vergehn; über das Grab hinaus
Dauert meiner ein Teil; spät noch in Enkelmund
Wächst mein Name, solang' Hestias schweigende
Jungfrau zum Kapitol steigt mit dem Pontifex.
Kund bleibt's, daß ich am wild brausenden Aufidus
Und wo Daunus im flutarmen Apulergau
Über Hirten geherrscht, mächtigen Flug gewagt,
Und Roms Weisen zuerst kühn mit äolischer
Wohllautsfülle durchströmt. Hebe denn stolz das Haupt,
Denn dir ziemt's, und in Huld winde den delphischen
Lorbeer mir um das Haar, Göttin Melpomene.

An Venus.

Rufst du, Venus, nach langer Rast
Mich aufs neue zum Kampf? Schon', ich beschwöre dich!
    Ach, nicht bin ich derselbe mehr,
Den einst Cinaras Reiz lieblich beherrscht; es beugt,
    Wilde Mutter des holden Sohns,
Dieser Nacken, von zehn Lustren verhärtet, sich
    Schwer nur unter dein sanftes Joch;
Geh, wohin dich das Flehn schmeichelnder Jugend ruft!
    Als willkommneren Gast fürwahr
Trägt dein Flügelgespann purpurner Schwäne dich
    Heut in Maximus Paulus' Haus,
Wenn ein zärtliches Herz du zu entflammen sinnst.
    Denn von edlem Geschlecht und schön
Und nie stumm für das Recht zagender Schützlinge,
    Früh auch jeglicher Kunst vertraut,
Wird er deines Paniers würdiger Streiter sein.
    Und wenn einst er, den reicheren
Gaben andrer zum Hohn, Sieger im Kampfe blieb,
    Weiht zum Dank er ein Marmorbild
Unter Zederngebälk dir am Albanersee.
    Dort in köstlichem Weihrauchsduft
Schwelgst du dann und vernimmst gerne den Festgesang,
    Drein zu phrygischem Flötenschall
Hell die Leier und Pans ländliches Rohr erklingt.
    Dort, Hochheilige, feiern dich
Zweimal täglich im Reihn Mädchen und Jünglinge,
    Die mit schimmerndem Fuß den Grund
Im dreifältigen Takt stampfen der Salier.
Mir frommt Knaben- und Frauenreiz,
Frommt erwiderter Glut lieblicher Wahn nicht mehr,
    Noch geselliger Becherkampf
Oder frisch um das Haupt duftender Blumenschmuck.
    Doch warum, Ligurin, warum
Stiehlt die Träne sich mir heimlich die Wang' herab?
    Was verwirrt den beredten Mund,

Daß er wider Gebühr mitten im Worte stockt?
    Ach, im nächtlichen Traum, wie oft
Halt' ich schon dich im Arm, oder du fliehst vor mir,
    Und durchs grasige Feld des Mars,
Durch die Wasser des Stroms, Harter, verfolg' ich dich.

An Iulus Antonius.

Wer mit Pindars Schwunge versucht den Wettkampf,
Schwebt auf dädaleischen wachsgefügten
Flügeln hin, durch schwindelnden Sturz ein zweites
    Meer zu benennen[24] .

Wie der Strom herbraust vom Gebirg, im Regen
Aufgeschwellt hoch über die alten Ufer,
Also rauscht allmächtig das Lied aus tiefster
    Seele dem Pindar.

Immer krönt ihn würdig Apollos Lorbeer,
Ob er kühn in Festdithyramben neuer
Worte Flut hinwälzet, auf fessellosen
    Rhythmen sich wiegend,

Ob er Götter feiert und Göttersöhne,
Wie vor ihrem rächenden Arm Zentauren
Hier ins Blut hintaumeln und dort Chimäras
    Flammen verlöschen,

Oder ob Faustkämpfer er preist und Rosse,
Die im Schmuck eleischer Palmen heimziehn,
Preist und zehnfach herrlicher sie belohnt, als
    Marmorne Bilder,

Oder schwermutsvoll dem entrißnen Jüngling
Mit der Braut nachweint, und des goldnen Alters
Kraft und Zucht zum Himmel erhebt, ein Hüter
    Ihrem Gedächtnis;

Mächt'ger Hauch trägt immer den Schwan der Dirke,
Wann er auch zu wolkigen Höhn den Fittich
Spannen mag; doch ich, dem Matiner Bienlein
    Ähnlich geartet,

Das um Tiburs schattigen Hain am feuchten
Ufer schwebt und duftigen Thymus sammelt,

---

[24] Wie Ikarus, der in der Nähe der Insel Doliche in das Meer hinabstürzte, das
nach ihm das ikarische genannt wurde.

Forme mühsam nur in bescheidnem Fluge
    Kleine Gesänge.

Feire du mit vollerem Ton, o Dichter,
Cäsarn, wann zur heiligen Burg er glorreich
Im Triumphzug wilde Sigambrer nachschleppt,
    Ihn, den Bekränzten,

Welchem gleich nichts Herrliches je noch Gutes
Uns der Ratschluß göttlicher Huld verliehn hat
Noch verleihn mag, wandelten auch in Gold sich
    Wieder die Zeiten.

Sing dazu die Tage der Lust und Romas
Festgewühl, das über Augustus' Heimkehr,
Seines Lieblings, jauchzt, und das feiertägig
    Schweigende Forum.

Dann mit Macht, wenn glückliches Wort ich finde,
Will auch ich einstimmen ins Lied: O schöner,
Nie genug zu preisender Tag, du gabst uns
    Wieder den Cäsar!

»Io Triumph!« dann, während voran du schreitest,
»Io Triumph!« dann rufen wir; tausendstimmig
Ruft's das Volk uns nach, und den Segensgöttern
    Spenden wir Weihrauch.

Zweimal zehn Stieropfer sind deine Dankschuld,
Mein' ein zartes Kalb, von der Milch der Mutter
Schon entwöhnt, das meinem Gelübd' auf saft'ger
    Weide heranwächst.

Auf der Stirn die Sichelgestalt des Mondes,
Wenn er feurig schwebet im dritten Aufgang,
Trägt's als schneeweiß schimmerndes Mal gezeichnet,
    Übrigens goldbraun.

An Melpomene.

Wem dein Auge, Melpomene,
Einmal Segen geblickt, als er geboren ward,
Dem wird isthmische Ringerkunst
Siegsruhm nimmer verleihn, nimmer ein Renngespann,
Das Olympias Bahn durchflog.
Auch als Führer des Heers wird ihn die Römerburg
Nie, mit delischem Laub gekrönt,
Heimziehn sehn im Triumph, weil er den Übermut
Trotz'ger Könige niederwarf.
Doch wo quellenumrauscht Tiburs Gefilde grünt,
Läßt im Schatten des Haines ihm
Sein äolisches Lied wachsenden Ruhm erblühn.
Wagt doch schon im gebietenden
Rom ein junges Geschlecht unter den Dichtern mich
Seinen Lieblingen anzureihn,
Und schon stumpferen Zahns greift mich der Neider an.
O, die wonnig das goldene
Saitenspiel du beseelst, Göttin Pierias,
Die Macht hätte, des Ozeans
Stummen Fischen sogar Schwanengesang zu leihn,
Dir nur dank' ich es, Himmlische,
Daß mit Fingern auf mich als den Erwecker der
Römerleier die Menge zeigt.
Was im Lied mir gelang, wenn es gelang, ist dein.

Auf den Sieg des Drusus[25] .

Gleichwie den Aar, den Träger des Donnerkeils,
Den Zeus zum König über das schweifende
    Gefieder setzte, weil er treu sich
      Bei Ganymedes bewährt, dem blonden,

Wenn Jugendmut ihn oder des Bluts Gewalt
Vom Neste trieb, unsicheren Schwunges noch,
    Bis klarentwölkte Frühlingslüfte
      Kühnere Flüge gelehrt den Scheuen,

Wie den alsdann bald feuriges Ungestüm
Auf Lämmerhürden niederzustoßen drängt,
    Bald Gier und Streitlust kämpfen heißen
      Wider die ringelnde Brut des Drachen;

Und wie den falben, eben der Muttermilch
Entwöhnten Leun auf üppiger Weideflur
    Das junge Rehkalb sieht, das seinem
      Zahne verfallen als erstes Opfer:

So sahn zur Schlacht am rhätischen Alpenjoch
Den Drusus ziehn die wilden Vindeliker,
    Und ihre siegverwöhnten Scharen
      Spürten, erdrückt von des Jünglings Kriegskunst,

Was großer Blick, was erbliche Tüchtigkeit,
An gottgeliebtem Herde gepflegt, vermag,
    Und wie gewaltig in den Söhnen,
      In den Neronen der Geist Augusts ist.

Von Starken werden Starke gezeugt, es weist
Im jungen Stier, im adligen Füllen sich
    Der Väter Kraft, und kein Geschlecht von
      Schüchternen Tauben entstammt dem Adler.

Doch weise Pflege fördert den edlen Keim,
In strenger Zucht erst stählt sich zur Tat das Herz,
    Wo keine Sitte wehrt, erstickt die

---

[25] Drusus Claudius Nero, Augusts Stiefsohn und jüngerer Bruder des Tiberius.

Herrlichsten Gaben des Bluts das Laster.

Wie viel du, Roma, deinen Neronen dankst,
Das zeugt Metaurus' Ufer und Hasdrubals
    Vernichtung, jener schönste Tag zeugt's,
    Welcher aus Latiums Dunkel aufstieg:

Der erste hold uns lächelnde Siegestag,
Seit durch Italiens Städte der schreckliche
    Karthager fuhr, wie Sturm durchs Südmeer,
    Oder durch Fichtengehölz ein Waldbrand.

Seitdem erhub siegreicher sich stets im Kampf
Die Jugend Roms, und in den verödeten
    Durch Pönerwut ruchlos entweihten
    Tempeln erstanden die Götter wieder.

Und endlich sprach der finstere Hannibal:
Wie Hirsch', umringt von reißender Wölfe Schar,
    Was suchen wir noch Kampf? Sie täuschen,
    Ihnen entrinnen ist Ruhms genug jetzt.

Dies Volk, das kühn aus Ilions Flammen einst
Durchs Tuskermeer sein teuerstes Heiligtum,
    Das seine Söhn' und greisen Väter
    In die ausonische Burg gerettet,

Gewinnt, der axtbeschorenen Eiche gleich
Im schwarzumlaubten Forste des Algidus,
    Selbst durch Verlust und Niederlagen,
    Selbst durch das Eisen verjüngte Kraft nur.

So schwoll, zerstückt noch wachsend, die Hydra nicht
Im bangen Kampf entgegen dem Herkules,
    Solch schrecklich Drachenbild gebar nicht
    Kolchis' Geklüft noch Echions Theben[26] .

Zu Boden wirf's, nur stolzer erhebt es sich!
Verwund' es, ruhmvoll streckt es die frische Kraft
    Des Siegers hin und liefert Schlachten,

---

[26] Echion, der Vater des Pentheus, wird neben Kadmus als Erbauer von Theben genannt.

Die noch die Weiber der Enkel preisen.

Nicht stolze Siegesboten entsend' ich mehr
Zu dir, Karthago! Wehe, dahin, dahin
    Ist all dein Hoffen, deines Namens
    Ehre, da Hasdrubals Haupt gefallen.

Nichts trotzt hinfort dem Arme der Claudier,
Denn unter Jovis gnädigem Schutze führt
    Ihr wacher Feldherrnblick sie glorreich
    Durch des verderblichsten Kriegs Gefahren.

An Manlius Torquatus.

Ringsum taute der Schnee; schon grünt im Gefilde der Rasen,
    Grünt an den Bäumen das Laub;
Wechselnd verjüngt sich die Flur und beruhigt am hohen Gestade
    Wandeln die Ströme dahin.
Mit den Nymphen versucht und den Zwillingsschwestern die nackte
    Grazie schüchtern den Tanz.
Hoff' Unsterbliches nie! So mahnt dich das Jahr und die Stunde,
    Die den Genuß dir entführt.
Tauwind löset den Frost, in den Frühling drängt sich der Sommer,
    Um zu enteilen, sobald
Reich an Früchten der Herbst sein Horn ausschüttet' und eh' du's
    Denkst, ist der Winter zurück.
Wohl am Himmel erneut sich der Mond stets, wann er dahinschwand,
    Wir, zu den Vätern einmal,
Zum Äneas entrückt, zu dem prächtigen Tullus und Ancus,
    Sind nur Schatten und Staub.
Wer kann sagen, daß ihm zu dem heute Bescherten ein Morgen
    Gnädig der Gott noch verleiht?
Nichts ist sicher bewahrt vor lachenden Erben, als was du
    Heiter der Stunde gewährst.
Bist du geschieden einmal und hat dir rühmlichen Spruch erst
    Minos, der Richter, gefällt:
Führt kein Adel dich mehr, kein Zauber der Rede, Torquatus,
    Kein Sühnopfer zurück.
Artemis selber entreißt den geliebten Hippolytus nimmer
    Drunten der stygischen Nacht,
Ach, und es sprengt selbst Theseus' Kraft die letheischen Fesseln
    Seines Pirithous nie.

An Lollius.

O fürchte nicht, es werde vergehn, was ich,
Der Sohn des fernhin brausenden Aufidus,
    Dem Wort in nie zuvor geübten
      Rhythmen vertraut und dem Klang der Saiten!

Der erste Kranz zwar bleibt dem Mäonier,
Doch nicht verklang drum Pindarus' Preisgesang,
    Nicht Ceas Lied, Alcäus' Kampfruf
      Oder Stesichorus' ernster Festchor.

Noch trotzt das süße Tändeln Anakreons
Dem Strom der Zeit, noch atmet die Liebe fort,
    Das brünst'ge Leid, das einst die Jungfrau
      In die äolischen Saiten hauchte. –

Nicht *sie* allein, die Sparterin Helena,
Entbrannt' um ihres Buhlen gelocktes Haar
    Und ließ ihr Herz durch Goldgewänder,
      Purpur und reiches Gefolg verblenden.

Nicht Teurer traf mit kretischem Pfeil zuerst
Sein Ziel; nicht einmal[27] ward die Dardanerburg
    Berannt; Idomeneus allein nicht
      Kämpfte, der Held, an des Freundes Seite

Sangwürd'gen Kampf; nicht boten Andromaches
Gemahl und vor ihm stürmend Deiphobus,
    Die ersten, Weib und Kind zum Horte,
      Trotzig die Brust dem Geschoß des Feindes.

Vor Agamemnon lebten der Tapferen
Schon viel, doch alle schlafen sie namenlos
    Und unbeweint im ew'gen Dunkel,
      Weil sie der Weihe des Lieds entbehren.

Verschollne Tatkraft ähnelt begrabener
Tatlosigkeit; drum nimmer, o Lollius,

---

[27] Schon unter Priamus' Vater, Laomedon, ward Troja durch Herkules bestürmt
und erobert.

Soll unbekränzt mein Lied dich lassen,
  Nimmer gestatten, daß deines Lebens

Mühvolles Tagwerk schnöder Vergessenheit
Klanglos verfalle; wohnt doch ein Geist in dir,
  Der Welt und Zeit versteht und aufrecht
  Bleibt in beglückten und schweren Tagen.

Ein Rächer warst du feilen Betruges, nie
Vom Reiz des, ach, allmächtigen Golds betört,
  Und Konsul, nicht nur *eines* Jahres,
  Sondern so oft dich die schwere Pflicht rief,

Verschmähtest du, dem strenge Gerechtigkeit
Mehr als Gewinn galt, zürnenden Angesichts
  Den Preis der Schuld und brachst dir siegreich
  Bahn durch des drängenden Feinds Geschwader.

Was nennst du glücklich den, der unendlichen
Besitz gespeichert? Glücklich allein mit Fug
  Sei mir gepriesen, wer der Götter
  Gaben mit weisem Gemüt zu nutzen,

Doch auch die Armut heiter zu tragen weiß,
Der mehr als Tod ehrlose Gesinnung scheut,
  Und stets den Mut hat, für die Freunde
  Oder den heimischen Herd zu sterben.

An Phyllis.

Schon ins zehnte Jahr im Gewölbe lagert
Mir ein Krug albanischen Weines, Phyllis;
Immergrün zu Kränzen beschert der Garten
    Fülle des Efeus,

Daß mit reich durchflochtenem Haar du glänzest;
Fröhlich strahlt von Silber das Haus, der Altar,
Keusch mit Lorbeerzweigen umwunden, harrt des
    Ländlichen Opfers.

Hand ans Werk legt jeder; geschäftig eilen
Hier- und dorthin Knaben zumal und Mädchen;
Himmelan schon wirbelt die Glut den schwarzen
    Strudel des Rauches.

Doch, damit du wissest, zu welchen Freuden
Ich dich lud: wir feiern das Fest der Iden,
Das den Mond der Flutengebietrin Venus
    Teilt, den Aprilis.

Heilig ist, fast heiliger dieser Tag mir,
Als das Fest der eignen Geburt, verkündet
Doch ein neu zuströmendes Jahr sein Aufgang
    Meinem Mäcenas.

Telephus, nach dem du dich sehnst, den Jüngling
Hält – denn dir nicht war er bestimmt – ein Mädchen,
Reich und leicht von Sitten und Sinn, in süßen
    Banden gefesselt.

Brandversengt lehrt Phaëton dich, vermeßnen
Wunsch zu fliehn; Bellerophons Sturz auch mahnt dich,
Den als staubentsprossen der flügelstolze
    Pegasus abwarf,

Daß du nur dir Ziemendes suchst und niemals,
Übers Ziel mit frevelnder Hoffnung schweifend,
Was dir ungleichartig, begehrst. So komm denn,
    Letzte Geliebte,

(Denn nach dir macht nimmer ein Weib mich glühen),
Komm und sinn auf süßen Gesang und laß ihn
Seelenvoll hinströmen! Im Born des Liedes
    Löst sich der Kummer.

An Virgilius.

Schon von Thracien her weht es wie Lenz und sanft
Auf beruhigtem Meer schwellen die Segel an,
Nicht mehr starren die Aun, brausen die Wasser hin,
    Angeschwollen vom Winterschnee.

Ihres Itys gedenk, baut sich die Schwalbe jetzt
Kläglich zwitschernd das Nest, sie, des Cecroperstamms
Unauslöschliche Schmach, weil sie des Königes
    Wilde Lüste zu wild gerächt[28] .

Am zartgrünenden Hang singen die Hirten dort
Bei den Lämmern ihr Lied in der Schalmeien Ton,
Jenem Gotte zur Lust, welcher Arkadiens
    Schattengipfel und Herden liebt.

Durst auch, teurer Virgil, brachte der Frühling mit;
Aber willst du bei mir echten Calenersaft
Schlürfen, sonst nur ein Gast adliger Jünglinge,
    Liefre Narden für Wein zum Fest.

Schon ein schmales Gefäß zaubert den Krug heran,
Der im Keller mir noch ruht beim Sulpicius;
Junger Hoffnungen Schwall birgt er im Schoß und spült
    Auch die bitterste Sorg' hinweg.

Kann dich solch ein Gelag reizen, so komm und laß
Nicht dein Scherflein daheim; wahrlich, du sollst mir nicht
Unbesteuert vom Rausch meiner Pokale glühn,
    Wie an fürstlicher Gönner Tisch.

Laß denn jeden Verzug, laß die Geschäfte heut,
Und des Grabes gedenk, flicht in des Lebens Ernst
Froh, solang' es vergönnt, Scherze des Augenblicks!
    Süß ist Torheit am rechten Ort.

---

[28] Prokne wurde zur Schwalbe verwandelt, weil sie ihrem Gemahle, dem König Tereus, der mit ihrer Schwester gebuhlt, den eignen Sohn Itys zum Mahle vorgesetzt hatte.

An Cäsar Augustus.

Feldschlachten wollt' ich singen und Städtesieg,
Da rauschte Phöbus' Leier die Warnung mir,
    Aufs hohe Meer mich nicht mit schwachem
      Segel zu wagen. Es bracht', o Cäsar,

Dein Alter goldnen Segen der Heimatflur
Und gab die Adler unserem Jupiter
    Zurück, den Siegstrophä'n der stolzen
      Parther entrissen. Und kriegsentlastet

Den Janustempel schloß es und zügelte
Die jeder Schranke spottende Leidenschaft
    Und, schonungslos des Lasters Wurzel
      Tilgend, erweckt' es die Zucht der Väter,

Durch die der Name Roms und Italiens
Ruhmvolle Macht zum herrlichen Reich erwuchs,
    Das stolz vom Bett der Abendröte
      Heute sich dehnt bis zum fernsten Aufgang.

Nun Cäsar wacht, mag keine Gewalt uns mehr,
Kein Bürgersturm aufschrecken aus holder Ruh',
    Kein blinder Haß, der, Schwerter schmiedend,
      Blutigen Zwist in den Städten aufregt.

Nicht dürfen, die tiefrauschend der Ister tränkt,
Nicht Geten mehr noch Syrer den Julischen
    Gesetzen trotzen, nicht die falschen
      Perser und Tanais' wilde Söhne.

Doch wir, am Werktag opfernd, am Feiertag,
Wir wollen Libers köstlicher Gabe froh
    Inmitten unsrer Fraun und Kinder,
      Wenn wir den Göttern gesprengt in Andacht,

Im Festgesang zu lydischem Flötenschall
Siegreicher Feldherrn denken nach Väterbrauch
    Und Troja preisen und Anchises
      Und der Ernährerin Venus Enkel.

 tredition®

Über tredition

Eigenes Buch veröffentlichen

tredition wurde 2006 in Hamburg gegründet und hat seither mehrere tausend Buchtitel veröffentlicht. Autoren veröffentlichen in wenigen leichten Schritten gedruckte Bücher, e-Books und audioBooks. tredition hat das Ziel, die beste und fairste Veröffentlichungsmöglichkeit für Autoren zu bieten.

tredition wurde mit der Erkenntnis gegründet, dass nur etwa jedes 200. bei Verlagen eingereichte Manuskript veröffentlicht wird. Dabei hat jedes Buch seinen Markt, also seine Leser. tredition sorgt dafür, dass für jedes Buch die Leserschaft auch erreicht wird.

Im einzigartigen Literatur-Netzwerk von tredition bieten zahlreiche Literatur-Partner (das sind Lektoren, Übersetzer, Hörbuchsprecher und Illustratoren) ihre Dienstleistung an, um Manuskripte zu verbessern oder die Vielfalt zu erhöhen. Autoren vereinbaren direkt mit den Literatur-Partnern die Konditionen ihrer Zusammenarbeit und partizipieren gemeinsam am Erfolg des Buches.

Das gesamte Verlagsprogramm von tredition ist bei allen stationären Buchhandlungen und Online-Buchhändlern wie z. B. Amazon erhältlich. e-Books stehen bei den führenden Online-Portalen (z. B. iBookstore von Apple oder Kindle von Amazon) zum Verkauf.

Einfach leicht ein Buch veröffentlichen: **www.tredition.de**

Eigene Buchreihe oder eigenen Verlag gründen

Seit 2009 bietet tredition sein Verlagskonzept auch als sogenanntes "White-Label" an. Das bedeutet, dass andere Unternehmen, Institutionen und Personen risikofrei und unkompliziert selbst zum Herausgeber von Büchern und Buchreihen unter eigener Marke werden können. tredition übernimmt dabei das komplette Herstellungs- und Distributionsrisiko.

Zahlreiche Zeitschriften-, Zeitungs- und Buchverlage, Universitäten, Forschungseinrichtungen u.v.m. nutzen diese Dienstleistung von tredition, um unter eigener Marke ohne Risiko Bücher zu verlegen.

Alle Informationen im Internet: **www.tredition.de/fuer-verlage**

tredition wurde mit mehreren Innovationspreisen ausgezeichnet, u. a. mit dem Webfuture Award und dem Innovationspreis der Buch Digitale.

tredition ist Mitglied im Börsenverein des Deutschen Buchhandels.

Dieses Werk elektronisch lesen

Dieses Werk ist Teil der Gutenberg-DE Edition DVD. Diese enthält das komplette Archiv des Projekt Gutenberg-DE. Die DVD ist im Internet erhältlich auf **http://gutenbergshop.abc.de**